©   2016 ZS Verlag GmbH
Kaiserstraße 14b
D-80801 München

ISBN 978-3-89883-548-0
1. Auflage 2016

Projektleitung	Eva-Maria Hege
Rezepte & Texte	Manuel Weyer
Lektorat	Katharina Lisson
Grafische Gestaltung	melville brand design (Lars Harmsen), Georg Feigl
Fotografie	Mathias Neubauer
Foodstyling	Manuel Weyer
Herstellung	Peter Karg
Producing	Jan Russok
Druck & Bindung	L.E.G.O., Vicenza

Die ZS Verlag GmbH ist ein Unternehmen der Edel AG, Hamburg.
www.zsverlag.de | www.facebook.de/zsverlag

MANUEL WEYER

365 TAGE GRILLEN

FOTOGRAFIE
MATHIAS NEUBAUER

INHALT

LIEBE GRILLFANS,

in den letzten Jahren hat Grillen einen noch nie dagewesenen Facettenreichtum in Deutschland erreicht. Unlängst grillt man nicht nur in den warmen Sommermonaten, sondern 365 Tage im Jahr. Anlässe gibt es zu jeder Jahreszeit: ob Karneval oder Ostern, ein Gartenfest im Sommer, Erntedank oder Weihnachten – immer häufiger versammeln wir uns um den Grill. Auch der Beginn eines neuen Jahres lässt sich wunderbar dort einläuten!

Sobald man ans Grillen denkt oder von der letzten Grillfeier schwärmt, kommen ureigene Impressionen in den Menschen hoch: prasselndes Feuer, Wärme, unzählige Gerüche, die einen umgarnen. Gefühle von Sicherheit, Gemeinschaft und Geborgenheit. Spätestens jetzt verfällt der letzte Skeptiker dem einzigartigen Grillerlebnis und -genuss.

Und dann ist es soweit: Gleich kommen die Gäste. Nach einer raschen Begrüßung eilen sie zum Grill, dort wird schon fleißig gewerkelt. Eine kurze Umarmung, dann gilt die Aufmerksamkeit dem Grill. Es duftet verlockend. Was liegt auf dem Rost? Wie sieht es aus, wann wird es fertig sein? Ist der Deckel zu, möchte man einen schnellen Blick auf das darunter Verborgene werfen. Schnell wird der Deckel wieder aufgelegt, der neugierige Gast zu den Getränken verwiesen und der Grillmeister strahlt Souveränität aus. Innerlich jedoch ein leichtes Bangen: Wer garantiert mir, dass das Fleisch perfekt zartrosa und saftig ist? Der Fisch nicht zu trocken und das Gemüse nicht verbrannt? In den letzten Minuten vor dem Servieren ist man(n) auf sich alleine gestellt, doch es gibt einen Schlüssel zum Erfolg: Neben hochwertigen Lebensmitteln und einem guten Grill braucht man gelingsichere Rezepte. Und – sehr wichtig – Geduld!

Noch ein Wort zu meinen Rezepten: Alles, was Sie am Herd bzw. im Ofen garen oder backen, können Sie auch wunderbar auf dem Grill zubereiten. Nach Jahreszeiten sortiert finden Sie einfache bis raffinierte Fleisch- und Fischgerichte, geräucherte Spezialitäten, Vegetarisches und Veganes, Suppen und Salate, Spieße und Bällchen, Teigtaschen und Rouladen. Nicht zu vergessen verlockende Desserts! Außerdem schnelle Rezepte für tolle Marinaden & Rubs, Mops & Lacke, Dips & Saucen.

Ich möchte Ihnen mit diesem Buch neben Know-how und Rezepten vor allem die Freude an der schönsten Nebensache der Welt vermitteln: mit der Familie, mit Freunden und Gästen etwas ganz Besonderes zu teilen und zu genießen. Dabei wünsche ich Ihnen viel Vergnügen und gutes Gelingen!

Ihr

Manuel Weyer

DIE BASICS

KNOW-HOW RUND UMS GRILLEN

DER RICHTIGE GRILL

Der Kauf eines Grills ist fast gleichbedeutend mit dem Kauf eines neuen Fahrzeugs. Es kommt auf individuelle Angewohnheiten, Vorzüge und Ansprüche, auf das Grillverhalten und natürlich auf den Geldbeutel an. Mit den folgenden Überlegungen kann man sich einer Antwort annähern:

Gehört für mich der Duft nach heißer Holzkohle zum Grillen? Mag ich den Rauch, der die Aromen weiterträgt? Bin ich ein Fan von Selbstgeräuchertem, und nehme ich mir Zeit, um ein Grillerlebnis mit der Familie und Freunden zu teilen und zu zelebrieren? Dann könnte ich der Holzkohletyp sein.

Oder bin ich eher spontan und schätze die sekundenschnelle Einsatzbereitschaft mit wenig Rauch- und Geruchsentwicklung? Dann eignet sich ein Gas- oder Elektrogrill besser.

Oder bin ich so ein leidenschaftlicher Grillfan, dass ich mehrere Geräte brauche? Einen kleinen Grill für unterwegs, eine kompakte Variante für den Balkon, einen richtig großen Grill für den Garten? Die Auswahl im Fachgeschäft ist enorm und die Preisspanne ebenfalls. Wer oft und gerne grillt, sollte nicht am falschen Ende sparen. Ein hochwertiger Grill kann – bei entsprechender Pflege – viele Jahre gute Dienste leisten. In jedem Fall sollte der Grill einen Deckel haben, denn damit ist er Herd und Backofen in einem. Mit offenem Deckel garen Sie wie mit einem Gas- oder Induktionsherd: bei Bedarf direkte, schnelle Hitze – ideal zum Grillen mit hohen Temperaturen. Ist der Deckel geschlossen, werden mit Ober- und Unterhitze sehr hohe und gleichmäßige Temperaturen erreicht. Vorgeheizt wird immer mit geschlossenem Deckel.

WEITERES ZUBEHÖR

Ich wage zu behaupten, dass bei keiner anderen Garmethode so viel Improvisationstalent zum Vorschein kommt wie beim Grillen. Es gibt aber ein paar nützliche Dinge, die den Weg zu einem guten Ergebnis in jedem Fall erleichtern.

Aluschalen mit und ohne Löcher

Aluschalen gibt es in verschiedenen Größen und Höhen. Schalen ohne Löcher sind praktisch, um Mop oder Lack nebenbei einzukochen, während Fleisch oder Fisch auf dem Grill garen. Auch zum Rösten von Gewürzen oder Kochen von Saucen eignen sie sich. Aluschalen mit Löchern sorgen dafür, dass kleines Grillgut nicht durch den Rost fällt.

Fleischthermometer

Mit einem digitalen Thermometer können Sie das Grillgut auf den Punkt grillen. Das ist bei manchen Fleischstücken sehr wichtig. Die jeweils ideale Kerntemperatur finden Sie bei den Rezepten.

Grillbesteck & Grillhandschuhe

Verwenden Sie zum Wenden des Grillgutes spezielle Grillzangen und Grillwender, deren Griffe und Stiele lang genug sind, sodass Sie mit genügend Abstand zur Hitzequelle arbeiten können. Tragen Sie spezielle Grillhandschuhe, die besonders hitzebeständig sind, aber nicht zu groß, damit Sie noch möglichst viel Gefühl haben, wenn Sie etwas greifen und von A nach B transportieren.

Grillbürste

Am besten reinigen Sie den Grillrost noch am selben Abend. Praktisch ist eine Grillbürste mit langem Stiel. Damit können Sie viel Druck ausüben, sodass Sie den Rost wirklich sauber bekommen.

Grill-Kochgeschirr

Einige Hersteller bieten Kochgeschirr zum Grillen an, das aus besonders hitzebeständigen Materialien besteht. Diese Töpfe, Pfannen und Kuchenformen erleichtern manche Zubereitungen und bieten noch mehr Möglichkeiten des Grillvergnügens. Im Gegensatz zu Aluschalen kann man sie immer wieder verwenden.

Holzspieße & -bretter, Holzchips & -chunks

Holzspieße müssen unbedingt gewässert werden, damit sie nicht verbrennen. Holzbretter, Holzchips oder Holzchunks (größere Holzstücke) müssen ebenfalls eingeweicht werden, damit sie ihr Aroma nach und nach an das Grillgut abgeben und nicht verbrennen. Durch das Einweichen wird beim Räuchern ein weicher, milder Rauch freigesetzt. Natürlich kann man das Zubehör nicht nur in Wasser einweichen, sondern auch in aromatischen Flüssigkeiten wie Säften, Wein, Bier oder anderen Spirituosen. Aber die Flüssigkeit darf nicht zu viel Zucker enthalten, da dieser beim Verbrennen stark karamellisiert und der Rauch dann eher bitter ist.

Küchengarn

Küchengarn hält Grillgut in Form und ermöglicht gleichmäßiges Garen. Bei höheren Temperaturen empfiehlt sich ein kurzes Wässern des Garns, damit es nicht verbrennt.

Messer & Schneidebrett

Ein richtig scharfes Messer ist unverzichtbar, um das Grillgut sauber zu schneiden. Ebenso ein großes Schneidebrett, am besten mit Rille, damit austretender Fleischsaft nicht auf den Tisch läuft.

Mörser & kleiner Blitzhacker

Gut geeignet, um Gewürze für Rubs (siehe auch S. 14) und Dips vorzubereiten. Wenn Sie regelmäßig grillen, können Sie Rubs auch in größeren Mengen vorbereiten und luftdicht verschließen.

Pizzastein oder Alufolie

Ein Pizzastein sollte zur Größe des Grills passen: Rundherum muss genügend Platz sein, damit die von unten aufsteigende Hitze über den Deckel des Grills als eine Art Oberhitze funktionieren kann. Anstelle eines Pizzasteins können Sie auch stabile, doppelt gelegte Alufolie verwenden. Diese unbedingt gut einfetten.

Salz- & Pfeffermühle

Verwenden Sie beim Grillen am besten eher große und griffige Mühlen zum Würzen, damit Sie auch mit fettigen Fingern den richtigen Dreh haben.

Silikonpinsel

Silikonpinsel sind besonders gut geeignet, da die Borsten hitzebeständig sind und auch bei dickflüssigen Lacken nicht verkleben. Auch hier darauf achten, dass die Stiele nicht zu kurz sind.

TECHNIK: DIREKTES UND INDIREKTES GRILLEN

Direktes Grillen

Bei direkter Hitze liegt das Grillgut unmittelbar über der Hitzequelle. Die Hitze kommt direkt von unten und ermöglicht die Krustenbildung. Hier kann man auf Sicht grillen, bis sich ein Muster abzeichnet. Diese Grilltechnik ist besonders gut geeignet für schnelles (An-)Grillen bei mittlerer bis hoher Temperatur. Außerdem für heißes Grillen von Lebensmitteln mit fester Struktur, etwa Steaks oder festes Gemüse wie Zwiebeln.

Indirektes Grillen

Die indirekte Hitze ist eine Art Abstrahlhitze. Das Grillgut liegt nicht direkt über der Hitzequelle, sondern seitlich versetzt zur Hitzequelle auf dem Grillrost. Diese Grilltechnik eignet sich für niedrige bis hohe Temperaturen und ist besonders gut für langes Grillen. Außerdem für sanftes Grillen von feinem Grillgut wie Fisch und Co. oder zartem Gemüse wie Spargel. Auch für gefülltes oder fettdurchzogenes Grillgut, das bei direkter Hitze für Flammenbildung sorgen könnte, wenn Fett heruntertropft. Ideal zum Räuchern mit gewässerten Holzbrettern, -chips oder -chunks.

Bei den meisten Rezepten empfiehlt sich ein Mix aus direktem und indirektem Grillen. Nehmen wir als Beispiel ein Stück Fleisch: Es wird zunächst bei hoher direkter Hitze gegrillt, bis sich ein Muster abzeichnet. Danach geht es weiter bei indirekter Hitze, damit das Fleisch innen bis zum gewünschten Punkt gart, ohne außen zu verbrennen.

DIE TEMPERATUR REGULIEREN

Gas- und Elektrogrill

Die allermeisten Gas- und Elektrogrills haben ein Thermometer im Deckel integriert, an dem man die Temperaturen ablesen kann. Reguliert werden die Brenner bequem mit den Drehknöpfen.

Holzkohlegrill

Auch die meisten Holzkohlegrills haben ein integriertes Thermometer. Das Regulieren der Hitze ist hier jedoch etwas komplizierter: Mit den Lüftungen kann man die Luftzufuhr — wie bei einem Kaminofen — steuern. Sind die Lüftungen offen, kann man das Grillgut mit gleichmäßiger niedriger bis hoher Hitze grillen. Will man die Hitze reduzieren, schließt man die Lüftungen teilweise oder ganz. Falls die Temperatur zu schnell fallen sollte, den Deckel kurz abheben und die Lüftung des Grills wieder öffnen. Bei mehr gewünschter Hitze kann man weitere Kohle oder Briketts auf die vorhandene Glut geben, bei gewünschter Reduzierung der Hitze ein paar davon mit einer Zange entfernen. Wichtig beim Holkohlegrill ist, dass der Temperaturfühler am Deckel und nicht unmittelbar über der Hitzequelle ist, da sonst nicht die exakte Temperatur im Raum des Grills gemessen wird.

Hitzegrade und Temperaturen

Diese Tabelle zeigt die Temperatur-Abstufungen:

niedrige Hitze	80 bis 120 °C
niedrige bis mittlere Hitze	120 bis 180 °C
mittlere bis hohe Hitze	180 bis 250 °C
hohe Hitze	250 bis 300 °C

Einflüsse von außen

Beim Grillen sollte man den Einfluss des Wetters nicht unterschätzen: Je nach Außentemperatur, Luftfeuchtigkeit und Luftdruck variiert die benötigte Menge an Holzkohle, Briketts oder Räuchergut. Wenn man bei Minusgraden grillt, benötigt man mehr Kohle und Briketts, um die gewünschten Temperaturen zu erreichen beziehungsweise zu halten. Wenn der Grill hingegen im Hochsommer bei 30 Grad in der prallen Sonne steht, kommt er eventuell mit der Hälfte der Kohle oder Briketts aus und hält die gewünschte Temperatur sehr lange.

RÄUCHERN

Das Räuchern in Verbindung mit Grillen ist ein Trend aus den USA, der in den letzten Jahren mehr und mehr bei uns Einzug gehalten hat. Im Grunde ist Räuchern aber nichts Neues, sondern eine jahrhundertealte und bewährte Methode, Lebensmittel haltbar zu machen.

Kalträuchern

Beim Kalträuchern geht es darum, ein Produkt lange haltbar zu machen. Die Temperaturen liegen bei 0 bis 20 °C. Das Produkt wird hierbei nicht gegart. Ein Beispiel hierfür ist roher Schinken.

Warmräuchern

Ebenso wie das Kalträuchern dient das Warmräuchern der Konservierung. Wobei beim Warmräuchern das Produkt gleichzeitig gegart wird, jedoch die Haltbarkeit reduziert ist. Die Temperaturen liegen hier bei 25 bis 50 °C. Ein typisches Beispiel sind gepökelte Würstchen.

Heißräuchern

Die beliebteste und für uns interessanteste Methode ist jedoch das Heißräuchern. Hierbei werden ab Temperaturen von etwa 55 °C Lebensmittel wie Fisch, Fleisch, Gemüse, Obst und sogar Käse geräuchert. Der Räuchervorgang dient hier fast ausschließlich der Aromatisierung und nicht der Konservierung des Lebensmittels.

Räuchern im Holzkohlegrill

Räuchern im Holzkohlegrill geht in der Regel sehr einfach, da es ein geschlossenes System ist. Geräuchert wird bei indirekter Hitze. Man stellt eine mit Wasser gefüllte Aluschale dazu, die die Temperatur beim Verdampfen reguliert. Darüber hinaus lässt das Wasser den Grill nicht zu heiß werden und befeuchtet gleichzeitig das Grillgut.

Räuchern im Gasgrill

Räuchern im Gasgrill ist etwas aufwendiger. Die meisten Grills verfügen über Räucherkammern oder zusätzliches Zubehör, das zum Räuchern verwendet werden kann. Auch hier stellt man eine Aluschale mit Wasser in den Garraum, um einen ähnlichen Effekt zu erhalten wie beim Holzkohlegrill. Das Räucherergebnis unterscheidet sich jedoch, da der Gasgrill ein offenes System ist.

Holz zum Räuchern

Verschiedene Holzsorten wirken sich beim Räuchern auf Geschmack und Farbe aus. Die gängigsten sind Buchenholz, Zedernholz, Mesquite-, Apfel- und Kirschholz. Auch alte Whiskey- und

Weinfässer sowie Reben werden zu Räuchermehl, -chips, -chunks oder Räucherbrettern verarbeitet.

DIE BESTEN ZUTATEN

Lebensmittel müssen nicht unbedingt teuer sein, aber sie müssen gut sein. Ein nachhaltig erzeugtes Produkt – ob Gemüse, Fisch oder Fleisch – in absoluter Frische entscheidet nicht nur über den Genuss, sondern auch darüber, ob Sie schon beim Vorbereiten Freude haben.

Fleisch – am besten trocken gereift

Am besten vertrauen Sie bewährten Fleischhändlern und kleineren Spezialitäten-Metzgern. Sie bieten neben einer sachkundigen Beratung Qualität und Vielfalt, häufig auch besondere Stücke und spezielle Zuschnitte. Fragen Sie nach trocken gereiftem Fleisch („dry aged"), das immer öfter angeboten wird. Wegen der hohen Qualität ist es etwas hochpreisiger. Aber glauben Sie mir, es lohnt sich. Für trocken gereiftes Fleisch werden Stücke und Fleischzuschnitte in speziellen Klimaschränken meist mehrere Monate, oftmals am Knochen, gereift. Dabei entweicht Wasser und der Geschmack wird intensiver, sehr ursprünglich und unverfälscht. Jeder, der schon mal ein trocken gereiftes

Stück Fleisch gegessen hat, wird diesen zart-nussigen Geschmack nicht mehr missen wollen.

Fisch & Co. — unbedingt frisch

Am besten kaufen Sie Fisch und Meeresfrüchte bei einem Händler des Vertrauens. Sie sind in jedem Fall dort richtig, wo Sie das Gefühl haben, dass der Verkäufer sich auskennt und Ihnen in erster Linie eine Freude mit seinem frischen Produkt machen möchte.

Die Frische von ganzen Fischen erkennt man an leuchtend roten Kiemen und klaren, glänzenden Augen. Das Fleisch sollte auf Fingerdruck nicht nachgeben. Dieses Kriterium gilt auch für Fischfilet. Dessen Frische merkt man auch daran, dass sich die Gräten nur schwer ziehen lassen. Fisch und Meeresfrüchte dürfen nicht nach Fisch riechen, sondern nach Meer. Frische Muscheln müssen geschlossen sein, offene sofort entsorgen! Nach dem Garen müssen die Muscheln geöffnet sein, noch geschlossene Muscheln wegwerfen.

Gemüse & Co. — knackig frisch und saisonal

Hier lautet mein Credo: zur richtigen Jahreszeit das beste Produkt zum besten Preis. Natürlich spielt Regionalität eine sehr wichtige Rolle. Aber nicht jeder hat die Möglichkeit, seine Lebensmittel beim Biobauern oder im Bioladen um die Ecke einzukaufen. In jedem Fall sollte es Sinn machen, was wir kaufen. Wenn das Bund Suppengrün aus einem anderen Land günstiger ist als das heimische, sollten wir uns fragen, warum das so ist. Und zum heimischen greifen. Salat sollte knackig sein. Der Apfel fest und kräftig in der Farbe. Frischer Spargel quietscht, wenn man die Stangen aneinander reibt. Kräuter dürfen nicht schlapp sein und müssen einen umwerfenden Duft versprühen. Der Tau auf dem Wirsing vom Wochenmarkt ist ein unschlagbares Indiz für Frische. Frische, die man sieht, riecht und hört, schmeckt man auch!

MARINIEREN: TROCKEN- & NASSMARINADEN

Rubs (Trockenmarinaden)

Rubs haben den Vorteil, dass sie nicht tropfen und somit selbst bei direkter Hitze keine Flammenbildung verursachen. Grundsätzlich gilt: Je größer das zu marinierende Lebensmittel ist, umso gröber müssen die Zutaten für die Marinade sein, damit sie langsam ins Grillgut eindringen. Sie machen das Produkt mürbe und verleihen ihm einen unverwechselbaren Geschmack. Länge und Dauer des Marinierens entscheiden natürlich über die Beschaffenheit und den Geschmack. Gut durchwachsene und grobfaserige Fleischstücke sollte man zugedeckt im Kühlschrank über Nacht oder noch länger einlegen. Hingegen genügt bei kleineren und zarten Lebensmitteln Marinieren bei Zimmertemperatur für ein paar Stunden. 30 Minuten sollten Sie aber in jedem Fall mindestens marinieren, sonst kann das Aroma der Marinade gar nicht aufgenommen werden. Kurz marinierte Speisen komplett grillen und verzehren.

Nassmarinaden, Mops & Lacke

Auch die Veredelung mit Nassmarinaden sorgt für Aroma, Mürbigkeit und Haltbarkeit. Bei Marinaden mit Öl sollten Sie dieses gründlich abtupfen, bevor das Grillgut auf den Rost kommt, damit beim Grillen keine Flammen entstehen. Einige Nassmarinaden kann man während des Grillvorgangs nebenbei einkochen und zum Bestreichen des Grillguts verwenden. Diese nennt man auch Mops. Auch hier gilt: Länge und Dauer des Marinierens entscheiden über Aroma und Beschaffenheit des Produkts. Flüssigkeiten, die man auf dem Grill reduziert, um damit Grillgut zu bestreichen, das vorab nicht eingelegt worden ist, nennt man Lacke. Wesentliche Bestandteile von Lack sind Kräuter, Gewürze, Säfte, Alkohol, eingelegte Früchte, Honig, Zuckerrübensirup und brauner Zucker. Lack wird beim Einkochen dickflüssiger und verleiht dem Lebensmittel einen individuellen Geschmack und den schönen, appetitlichen Glanz — wie ein Lack.

Würzen

Würzen Sie unmarinierte Lebensmittel mit Salz-, Pfeffer- oder Gewürzmühlen aus einer Höhe von 20 bis 30 Zentimetern. So verteilen sich die Gewürze gleichmäßig auf dem Grillgut.

KLEINES GRILL-EINMALEINS

Anzünden des Holzkohlegrills

Zum Anzünden von Holzkohle oder Briketts benutzen Sie den Kamin, der mit dem Grill mitgeliefert wurde. Legen Sie die Anzündwürfel (Paraffinwürfel) oder Holzwolle (biologischer Grillanzünder) auf den Kohlerost. Füllen Sie Holzkohle oder Briketts in den Kamin. Zünden Sie die Würfel bzw. die Wolle an und stellen Sie den Kamin darüber. Egal, ob Sie schnellentzündbare Holzkohle oder langanhaltende Briketts verwenden — sobald sich eine weiße Ascheschicht an der Oberfläche gebildet hat, ist diese durchgeglüht und verwendungsfähig.

Einfetten des Grillrosts

Fetten Sie den Grillrost mit einem Stück eingeölten Küchenpapier ein. Praktisch ist auch spezielles BBQ-Grillöl zum Sprühen. Falls doch mal etwas am Grillrost kleben bleiben sollte, nehmen Sie beim Gasgrill die Hitze weg und lassen ihn auskühlen. Beim Holzkohlegrill wechseln Sie den Rost auf indirekte Hitze oder nehmen das Grillgut ganz herunter, damit auch hier die Temperatur fallen kann. Wenn das Grillgut kräftig angegrillt und der Rost gut gefettet war, löst es sich fast von allein.

Temperiertes Grillgut

„Temperiertes Grillgut" heißt: niemals Lebensmittel direkt aus dem Kühlschrank auf den Grill legen! Sondern auf Zimmertemperatur anwärmen lassen, damit die Differenz zwischen der Oberflächentemperatur und der gewünschten Kerntemperatur nicht zu groß ist. Entspannte Fasern und eine gleichmäßige Verteilung der Hitze sorgen dafür, dass das Grillgut schonend gegart wird.

Ruhen lassen

„Ohne Hitze" ruhen lassen heißt nicht, dass man das fertige Grillgut in Alufolie wickelt. Denn dann fängt es an zu schwitzen und dadurch lösen sich Gewürze sowie der Zuckerkaramell an der Oberfläche. Besser ist es, den Gasgrill ganz auszuschalten und beim Holzkohlegrill das Grillgut offen an den Grillrand oder in eine Thermo- oder Styroporbox zu legen. Den Deckel zu Beginn leicht öffnen, damit das Grillgut ausdampfen kann. Dann den Deckel schließen und die Ruhezeit beim Rezept einhalten.

Grill reinigen

Ich entferne Fett, zum Beispiel in den Zwischenräumen des Rosts, mit einer speziellen Grillbürste (siehe S. 10). Grobe Reste beseitige ich vorab durch Ausbrennen. Dafür beim Holzkohlegrill die letzten glühenden Briketts oder Kohlestücke auf den Rost legen und dort ausbrennen lassen. Unbedingt erst mit der Bürste ans Werk machen, wenn der Grill komplett ausgeraucht ist!

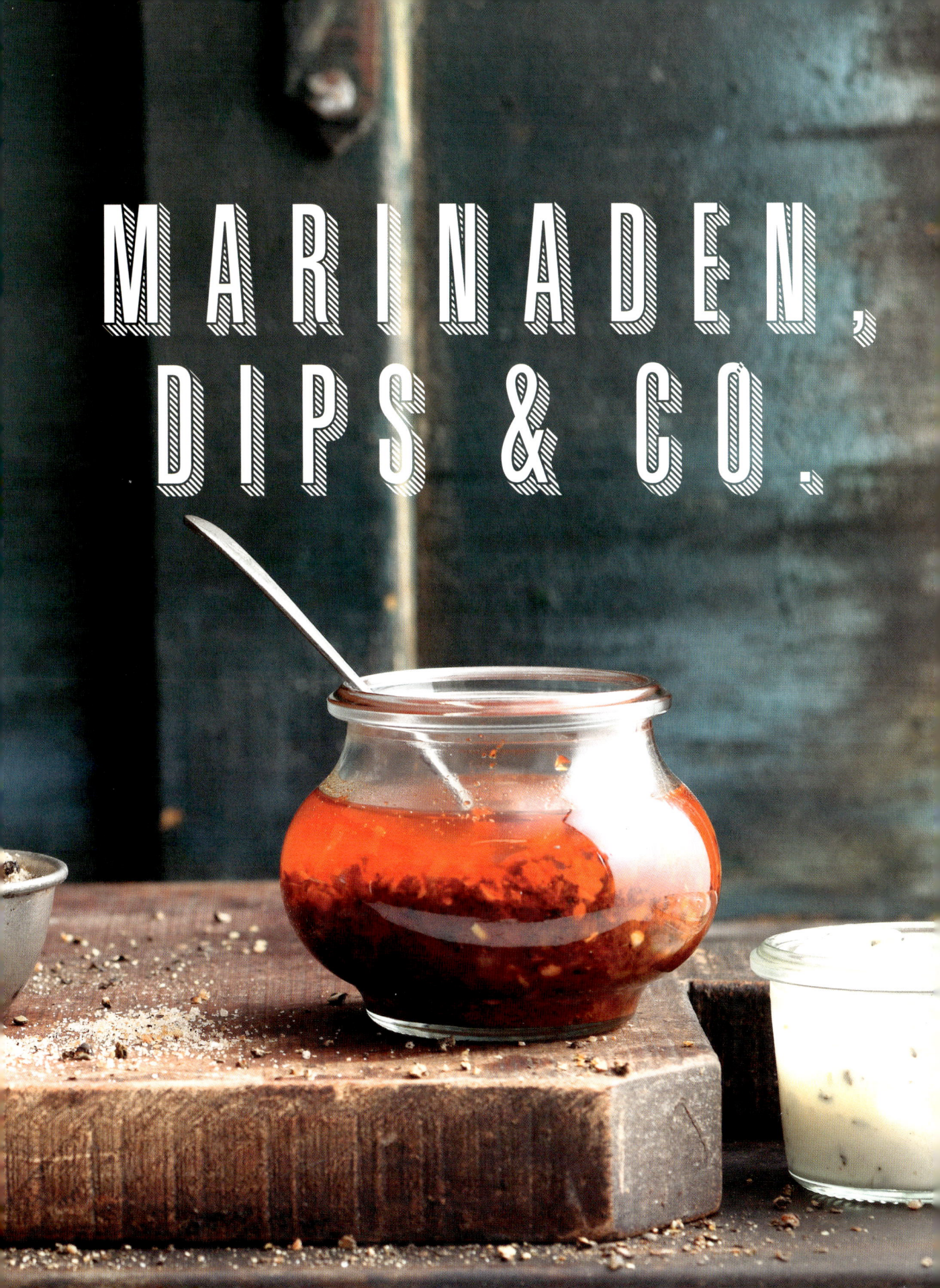

MARINADEN, DIPS & CO.

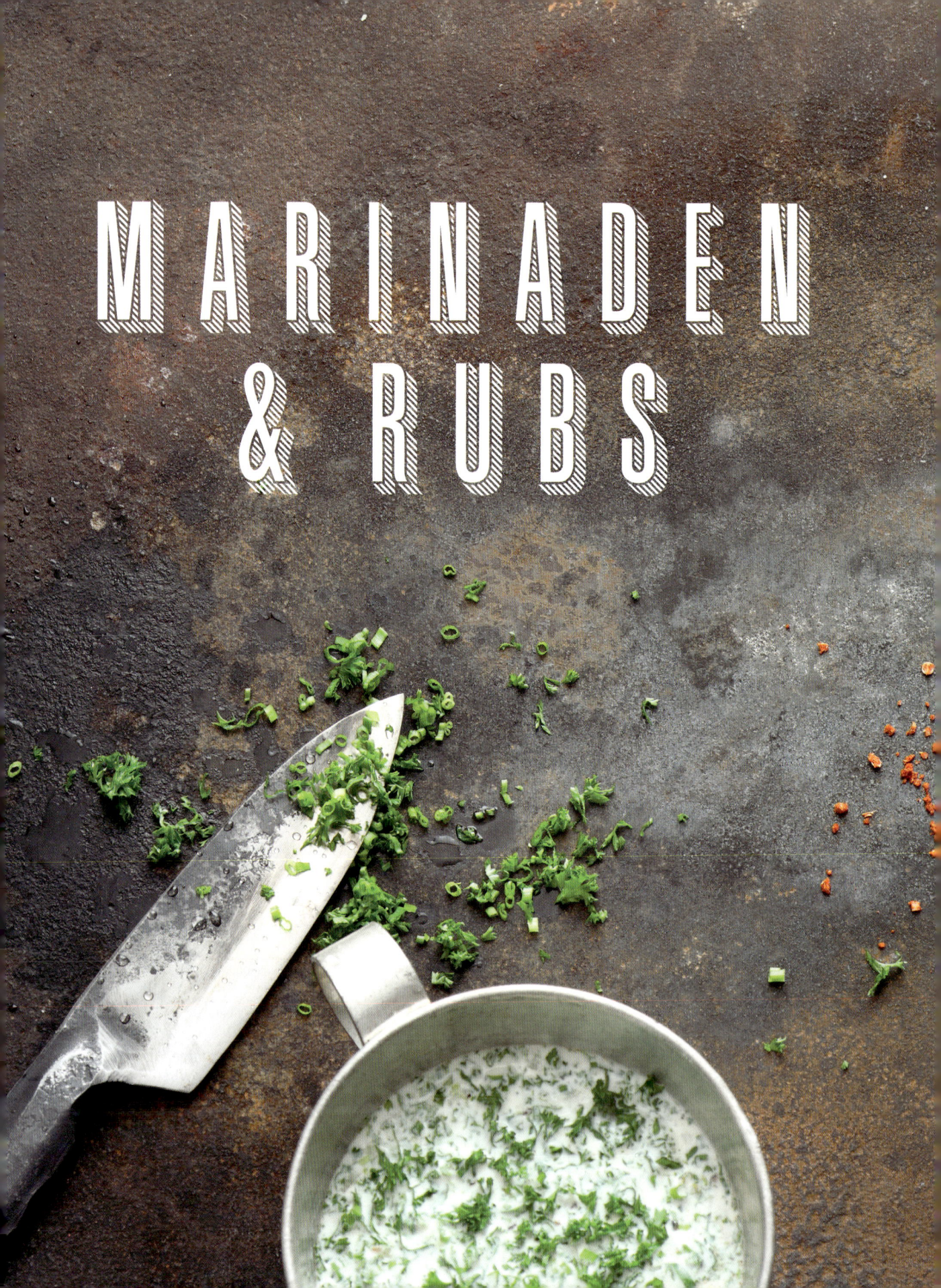

MARINADEN & RUBS

KRÄUTER-BUTTERMILCH-MARINADE

1 Bund Kräuter für Frankfurter Grüne Sauce (Petersilie, Schnittlauch, Borretsch, Sauerampfer, Kresse, Pimpernelle, Kerbel)
4 Knoblauchzehen
200 ml Buttermilch
abgeriebene Schale und Saft von
1 Bio-Limette
1 EL Honig
½ TL Salz
½ TL Pfeffer aus der Mühle

Kräuter waschen und trocken schütteln. Blätter abzupfen und fein schneiden, Schnittlauch in Röllchen schneiden. Knoblauch schälen und fein würfeln. Kräuter und Knoblauch mit den übrigen Zutaten gut verrühren. Fisch oder Fleisch gründlich mit der Marinade einreiben, eng nebeneinander in ein Gefäß legen und zugedeckt bei Zimmertemperatur mindestens 30 Minuten, am besten aber zugedeckt über Nacht im Kühlschrank marinieren. Geeignet für Fisch oder Fleisch mit kräftigem Eigengeschmack. Durch die Milchsäure wird das Aroma milder und das Lebensmittel mürber und zudem länger haltbar (Foto S. 18).

ASIATISCHE NASSMARINADE

4 Schalotten
2 Knoblauchzehen
50 g Ingwer
1 rote Peperoni
2 Stängel Zitronengras
½ TL gemahlener Koriander
100 ml Pflaumenwein
100 ml Gemüsefond
50 ml Sojasauce
1 TL grobes Salz
1 EL brauner Zucker
Saft und Zesten von 1 Bio-Zitrone

Schalotten, Knoblauch und Ingwer schälen und in feine Würfel schneiden. Die Peperoni längs halbieren, entkernen, waschen und in feine Streifen schneiden. Das Zitronengras vierteln und fein hacken. Die vorbereiteten Zutaten mit allen anderen Zutaten mischen und rühren, bis sich Salz und Zucker aufgelöst haben. Fisch oder Fleisch gründlich mit der Nassmarinade einreiben und eng nebeneinander in ein Gefäß legen. Zugedeckt bei Zimmertemperatur mindestens 30 Minuten, am besten aber zugedeckt über Nacht im Kühlschrank marinieren.

BASIS-RUB

1 EL grobes Salz
1 EL brauner Zucker
1 TL Pimentkörner
1 TL schwarzer Pfeffer
2 EL Korianderkörner
Zesten von 1 Bio-Limette

Alle Zutaten im Mörser grob mahlen. Fisch oder Fleisch gründlich mit Basis-Rub einreiben und zugedeckt bei Zimmertemperatur mindestens 30 Minuten, am besten aber zugedeckt über Nacht im Kühlschrank marinieren.
Für eine feinere Gewürznote die Gewürze vorher rösten: Piment, Pfeffer und Koriander in einer Aluschale bei direkter Hitze oder in einer Pfanne rösten, bis sich ein intensiver Duft entwickelt.

BBQ-RUB

2 EL schwarze Pfefferkörner
1 EL Korianderkörner
1 TL granulierter Knoblauch
½ TL Paprikapulver (edelsüß)
½ TL Cayennepfeffer
1 EL brauner Zucker
1 EL Rauchsalz
Zesten von 1 Bio-Orange

Pfeffer- und die Korianderkörner in einer Aluschale bei direkter Hitze oder in einer Pfanne rösten, bis sich ein intensiver Duft entwickelt. Die gerösteten Gewürze mit allen anderen Zutaten im Mörser fein mahlen. Fisch oder Fleisch gründlich mit BBQ-Rub einreiben und zugedeckt bei Zimmertemperatur mindestens 30 Minuten, am besten aber zugedeckt über Nacht im Kühlschrank marinieren.

CAJUN-RUB

6 Zweige Thymian
1 TL weiße Pfefferkörner
1 TL schwarze Pfefferkörner
1 kleine getrocknete Chilischote
1 EL granulierte Zwiebeln
½ TL granulierter Knoblauch
1 EL getrockneter Oregano
1 TL grobes Salz
1 EL brauner Zucker

Thymian waschen, trocken schütteln und die Blättchen abzupfen. Weißen und schwarzen Pfeffer und die Chilischote in einer Aluschale bei direkter Hitze oder in einer Pfanne rösten, bis sich ein intensiver Duft entwickelt. Thymian und die gerösteten Gewürze mit allen anderen Zutaten im Mörser grob mahlen. Fisch oder Fleisch gründlich mit dem Cajun-Rub einreiben und zugedeckt bei Zimmertemperatur mindestens 30 Minuten, am besten aber zugedeckt über Nacht im Kühlschrank marinieren.

LEBKUCHEN-RUB

1 EL Kubebenpfefferkörner
1 TL Korianderkörner
1 TL Fenchelsamen
6 Gewürznelken
1 TL grobes Salz
1 TL brauner Zucker
½ TL Cayennepfeffer
½ TL gemahlener Kardamom
½ TL Zimtpulver
Zesten von 1 Bio-Zitrone
Zesten von 1 Bio-Orange

Pfeffer, Koriander, Fenchel und Gewürznelken in einer Aluschale bei direkter Hitze oder in einer Pfanne rösten, bis sich ein intensiver Duft entwickelt. Die gerösteten Gewürze mit allen anderen Zutaten im Mörser grob mahlen. Fisch oder Fleisch gründlich mit Lebkuchen-Rub einreiben und zugedeckt bei Zimmertemperatur mindestens 30 Minuten, am besten aber zugedeckt über Nacht im Kühlschrank marinieren.

SWEET-CHILI-RUB

2 Stängel Zitronengras
1 EL Korianderkörner
1 getrocknete Chilischote
1 EL brauner Zucker
1 TL grobes Salz
1 TL scharfes Paprikapulver
Zesten von 1 Bio-Limette
Zesten von 1 Bio-Orange

Das Zitronengras vierteln und fein hacken. Den Koriander mit Chilischote, Zucker und Salz im Mörser grob mahlen. Paprikapulver, Zitronengras sowie Limetten- und Orangenschale unterrühren. Fisch oder Fleisch gründlich mit dem Sweet-Chili-Rub einreiben und zugedeckt bei Zimmertemperatur mindestens 30 Minuten, am besten aber zugedeckt über Nacht im Kühlschrank marinieren.

VANILLE-RUB

1 EL Kubebenpfefferkörner
1 TL Pimentkörner
1 EL grobes Salz
1 EL brauner Zucker
Mark von 1 Vanilleschote
1 Msp. Zimtpulver

Pfeffer und Piment bei direkter Hitze in einer Aluschale oder in einer Pfanne rösten, bis sich ein intensiver Duft entwickelt. Die gerösteten Gewürze mit allen anderen Zutaten im Mörser fein mahlen. Fisch oder Fleisch gründlich mit Vanille-Rub einreiben und zugedeckt bei Zimmertemperatur mindestens 30 Minuten, am besten aber zugedeckt über Nacht im Kühlschrank marinieren.

TEE-RUB

1 EL weiße Pfefferkörner
1 TL Senfkörner
2 EL grüne Teeblätter (z. B. Sencha, Gyokoro)
1 TL Salz
Zesten von 2 Bio-Limetten
½ TL gemahlener Kardamom
½ TL Zimtpulver

Pfeffer- und Senfkörner in einer Aluschale bei direkter Hitze oder in einer Pfanne rösten, bis sich ein intensiver Duft entwickelt. Die gerösteten Gewürze mit den Teeblättern und allen weiteren Zutaten im Mörser fein mahlen. Fisch oder Fleisch gründlich mit Tee-Rub einreiben und zugedeckt bei Zimmertemperatur mindestens 30 Minuten, am besten aber zugedeckt über Nacht im Kühlschrank marinieren.
Anstelle von losen Teeblättern können Sie auch einen Teebeutel mit weißem Tee verwenden. Den Beutel aufschneiden und den Inhalt mit den Gewürzen im Mörser mischen.

TERIYAKI-MARINADE

1 Zwiebel
2 Knoblauchzehen
2 EL brauner Zucker
1 EL Zuckerrübensirup
200 ml Pflaumenwein
Saft von 2 Zitronen
2 EL Sojasauce
2 EL Teriyakisauce
evtl. Salz

Zwiebel und Knoblauch schälen, in feine Würfel schneiden und in einer Aluschale bei direkter Hitze oder in einer Pfanne mit dem Zucker karamellisieren. Zuckerrübensirup, Pflaumenwein, Zitronensaft, Sojasauce und Teriyakisauce unterrühren. Die Teriyaki-Marinade abkühlen lassen und bis zur Verwendung kühl stellen. Ggf. mit Salz abschmecken und Fisch oder Fleisch gründlich damit einreiben.

Eng nebeneinander in ein Gefäß legen und zugedeckt bei Zimmertemperatur mindestens 30 Minuten, am besten aber zugedeckt über Nacht im Kühlschrank marinieren. Je länger das Stück Fleisch in der Marinade liegt, umso mürber wird es. Mageres Hähnchenbrustfilet maximal 2 Stunden, gut durchwachsene Fleischstücke wie beispielsweise Schweinekamm 2 bis 3 Tage marinieren.

TOMATEN-CHILI-ÖL

2 Schalotten
2 Knoblauchzehen
50 g getrocknete Tomaten (in Öl)
1 TL Tomatenmark
1 TL grobes Salz
1 EL brauner Zucker
1 EL Honig
Saft von 1 Limette
½ TL Cayennepfeffer
1 Msp. Zimtpulver
150 ml Öl

Schalotten und Knoblauch schälen und in feine Würfel schneiden, die getrockneten Tomaten ebenfalls klein schneiden. Das Tomatenmark mit Salz, Zucker, Honig, Limettensaft, Cayennepfeffer und Zimt verrühren, bis sich Salz und Zucker vollständig aufgelöst haben. Das Öl nach und nach unterschlagen, dann die klein geschnittenen Zutaten unterrühren. Fisch oder Fleisch gründlich mit dem Tomaten-Chili-Öl einreiben und eng nebeneinander in ein Gefäß legen. Zugedeckt bei Zimmertemperatur mindestens 30 Minuten, am besten aber zugedeckt über Nacht im Kühlschrank marinieren (Foto S. 19).

MOPS & LACKE

HEIDELBEER-LACK

1 rote Peperoni
200 g Heidelbeeren
200 ml Heidelbeersaft
100 ml Bourbon
100 ml Gingerale
4 EL Ahornsirup
½ TL grobes Salz

Die Peperoni längs halbieren, entkernen, waschen und in Streifen schneiden. Die Heidelbeeren verlesen, waschen und trocken tupfen. Alle Zutaten bis auf die Beeren mischen. Während des Grillvorgangs den Lack in einer Aluschale oder einem Grill-Kochgeschirr bei direkter Hitze sirupartig einkochen, zum Schluss die Heidelbeeren dazugeben. Fisch oder Fleisch nach und nach damit einpinseln, bis der Lack aufgebraucht ist.

HOISIN-INGWER-LACK

50 g Ingwer
4 Knoblauchzehen
2 rote Peperoni
200 ml Malzbier
100 ml Hoisinsauce
100 ml Fisch- oder Fleischfond
Saft von 1 Zitrone
Pfeffer aus der Mühle
Salz

Ingwer und Knoblauch schälen und in feine Würfel schneiden. Peperoni längs halbieren, entkernen, waschen und ebenfalls klein schneiden. Ingwer, Knoblauch und Peperoni mit Malzbier, Hoisinsauce, Fond, Zitronensaft und Pfeffer in einer Aluschale oder einem Grill-Kochgeschirr bei direkter Hitze sirupartig einkochen. Mit Salz würzen. Fisch oder Fleisch kurz vor Ende der Grillzeit damit einpinseln, bis der Lack aufgebraucht ist.

HONEY-LEMON-MOP

2 rote Zwiebeln
4 Knoblauchzehen
1 rote Peperoni
2 Stängel Zitronengras
3 EL Akazienhonig
400 ml Fisch- oder Fleischfond
Zesten und Saft von 2 Bio-Zitronen
2–3 Kaffir-Limettenblätter
1 TL grobes Salz

Zwiebeln und Knoblauch schälen und in feine Würfel schneiden. Peperoni längs halbieren, entkernen, waschen und in Stücke schneiden. Zitronengras in Ringe schneiden. Honig in eine Aluschale oder ein Grill-Kochgeschirr geben und Zwiebeln, Knoblauch, Peperoni und Zitronengras bei direkter Hitze darin andünsten. Die übrigen Zutaten unterrühren, den Mop vom Grill nehmen, abkühlen lassen und bis zur Verwendung kühl stellen. Fisch oder Fleisch nebeneinander in ein Gefäß legen. Den Mop darübergießen und das Ganze zugedeckt bei Zimmertemperatur mindestens 30 Minuten, am besten aber zugedeckt über Nacht im Kühlschrank marinieren. Das Grillgut aus dem Mop nehmen und trocken tupfen. Während des Grillvorgangs den Mop bei direkter Hitze sirupartig einkochen, zwischendurch durch ein Sieb streichen. Fisch oder Fleisch nach und nach damit einpinseln, bis der Mop aufgebraucht ist (Foto S. 22).

KIRSCHLACK

2 rote Peperoni
2 Stängel Zitronengras
400 g Sauerkirschen (aus dem Glas; mit Saft)
2 EL Sojasauce
1 EL Hoisinsauce
4 EL Ahornsirup
½ TL grobes Salz

Peperoni längs halbieren, entkernen, waschen und in Stücke schneiden. Zitronengras andrücken. Kirschen in ein Sieb abgießen, dabei 200 ml Saft auffangen. Alle Zutaten bis auf die Kirschen in einer Aluschale oder einem Grill-Kochgeschirr bei direkter Hitze sirupartig einkochen. Den Lack zwischendurch durch ein grobes Sieb streichen und die Kirschen dazugeben. Fisch oder Fleisch kurz vor Ende der Grillzeit damit einpinseln, bis der Lack aufgebraucht ist (Foto S. 22).

MALZBIER-MOP

1 rote Zwiebel
1 rote Peperoni
100 g Ingwer
300 ml Malzbier
200 ml Fisch- oder Fleischfond
Zesten und Saft von 1 Bio-Limette
2 EL Zuckerrübensirup
1 EL Kaffeebohnen
1 EL Korianderkörner
½ TL grobes Salz

Die Zwiebel schälen und in Spalten schneiden. Die Peperoni längs halbieren, entkernen, waschen und in Stücke schneiden. Den Ingwer schälen und in Scheiben schneiden. Zwiebel, Peperoni und Ingwer mit allen anderen Zutaten mischen. Fisch oder Fleisch nebeneinander in ein Gefäß legen. Den Mop darübergießen und das Ganze zugedeckt bei Zimmertemperatur mindestens 30 Minuten, am besten aber zugedeckt über Nacht im Kühlschrank marinieren. Das Grillgut aus dem Mop nehmen und trocken tupfen. Während des Grillvorgangs den Mop bei direkter Hitze sirupartig einkochen, zwischendurch durch ein Sieb streichen. Fisch oder Fleisch nach und nach damit einpinseln, bis der Mop aufgebraucht ist. Ich empfehle diesen Mop für kräftigen Fisch wie beispielsweise Seeteufel oder trocken gereiftes Fleisch, etwa ein Tomahawk-Steak.

PFIRSICH-BELLINI-MOP

2 reife Pfirsiche
2 rote Peperoni
200 ml Sekt
200 ml Pfirsichsaft
Saft und abgeriebene Schale von
1 Bio-Limette
1 EL brauner Rohrzucker
1 TL grobes Salz

Die Pfirsiche waschen, halbieren und den Stein entfernen. Pfirsichhälften klein schneiden. Die Peperoni längs halbieren, entkernen, waschen und ebenfalls klein schneiden. Pfirsiche und Peperoni mit allen anderen Zutaten mischen. Fisch oder Fleisch nebeneinander in ein Gefäß legen. Den Mop darübergießen und das Ganze zugedeckt bei Zimmertemperatur mindestens 30 Minuten, am besten aber zugedeckt über Nacht im Kühlschrank marinieren. Das Grillgut aus dem Mop nehmen und trocken tupfen. Während des Grillvorgangs den Mop bei direkter Hitze sirupartig einkochen und Fisch oder Fleisch nach und nach damit einpinseln, bis der Mop aufgebraucht ist.

PFLAUMEN-MOP

1 rote Peperoni
50 g Ingwer
4 junge Knoblauchzehen
200 g Trockenpflaumen
200 ml Pflaumensaft
200 ml Fisch- oder Fleischfond
Zesten und Saft von 1 Bio-Limette
½ TL grobes Salz

Die Peperoni entkernen, waschen und in Ringe schneiden. Ingwer und Knoblauch schälen und in Scheiben schneiden. Trockenpflaumen in Würfel schneiden. Peperoni, Ingwer, Knoblauch und Pflaumen mit allen anderen Zutaten mischen. Fisch oder Fleisch nebeneinander in ein Gefäß legen, den Mop darübergießen und das Ganze zugedeckt bei Zimmertemperatur mindestens 30 Minuten, am besten aber zugedeckt über Nacht im Kühlschrank marinieren. Das Grillgut aus dem Mop nehmen und trocken tupfen. Während des Grillvorgangs den Mop bei direkter Hitze sirupartig einkochen, zwischendurch durch ein Sieb streichen. Fisch oder Fleisch nach und nach damit einpinseln, bis der Mop aufgebraucht ist.

PUNSCHLACK

300 ml Rotwein
Zesten und Saft von 2 Bio-Orangen
2 cl Rum
4 EL Honig
1 TL loser Früchtetee
1 TL schwarze Pfefferkörner
1 Zimtstange
1 Sternanis
½ TL grobes Salz

Alle Zutaten in eine Aluschale oder ein Grill-Kochgeschirr geben und mischen. Während des Grillvorgangs bei direkter Hitze sirupartig einkochen. Den Lack zwischendurch durch ein Sieb streichen. Fisch oder Fleisch kurz vor Ende der Grillzeit damit einpinseln, bis der Lack aufgebraucht ist.
Für eine alkoholfreie Variante den Rotwein durch Kirschsaft und den Rum durch Sirup oder Rumaroma ersetzen.

WILDBERRY-MOP

250 g gemischte Beeren
(z. B. Brombeeren, Heidelbeeren, Himbeeren)
2 gelbe Peperoni
400 ml Heidelbeersaft
¼ l Himbeersaft
2 EL Honig
1 TL grobes Salz

Die Beeren je nach Sorte verlesen, waschen und trocken tupfen, große Beeren halbieren. Peperoni längs halbieren, entkernen, waschen und in Stücke schneiden. Die Säfte mit Honig und Salz verrühren, Beeren und Peperoni dazugeben. Das Grillgut nebeneinander in ein Gefäß legen. Den Mop darübergießen und das Ganze zugedeckt bei Zimmertemperatur mindestens 30 Minuten, am besten aber zugedeckt über Nacht im Kühlschrank marinieren. Das Grillgut aus dem Mop nehmen und trocken tupfen. Während des Grillvorgangs den Mop bei direkter Hitze sirupartig einkochen, zwischendurch durch ein Sieb streichen. Fisch oder Fleisch nach und nach damit einpinseln, bis der Mop aufgebraucht ist.

ZIMT-WACHOLDER-LACK

2 Zweige Rosmarin
1 Zimtstange (am besten Ceylon-Zimt)
200 ml Pflaumenwein
200 ml Fisch- oder Fleischfond
2 EL Sojasauce
2 EL Ahornsirup
Zesten und Saft von 1 Bio-Orange
1 TL Wacholderbeeren
1 TL schwarze Pfefferkörner
½ TL grobes Salz

Den Rosmarin waschen, trocken tupfen und die Nadeln abzupfen. Die Zimtstange im Mörser grob zerstoßen. Rosmarin und Zimt mit allen anderen Zutaten in einer Aluschale oder einem Grill-Kochgeschirr mischen. Während des Grillvorgangs bei direkter Hitze sirupartig einkochen. Zwischendurch durch ein Sieb streichen. Fisch oder Fleisch kurz vor Ende der Grillzeit damit einpinseln, bis der Lack aufgebraucht ist.

SAUCEN & DIPS

7-KRÄUTER-PESTO

4 Knoblauchzehen
2 rote Peperoni
1 Bund Kräuter für Frankfurter Grüne
Sauce (Petersilie, Schnittlauch,
Borretsch, Sauerampfer, Kresse,
Pimpernelle, Kerbel)
50 g Pinienkerne
50 g Mandelsplitter
50 ml Olivenöl
150 ml Öl
50 g geriebener Pecorino
Salz

Knoblauch schälen und in feine Würfel
schneiden. Peperoni längs halbieren,
entkernen, waschen und würfeln. Kräuter
waschen und trocken schütteln, die
Blätter abzupfen und fein schneiden.
Pinienkerne und Mandelsplitter in einer
Aluschale ohne Fett bei indirekter Hitze
mit geschlossenem Deckel goldbraun
rösten. Alle vorbereiteten Zutaten mit
beiden Ölsorten in einem Mörser oder
mit dem Stabmixer zu einem groben
Pesto verarbeiten. Erst jetzt den Käse unterrühren (sonst verliert das Pesto seine
schöne grüne Farbe). Das Pesto mit Salz
abschmecken.

AIOLI

6 junge Knoblauchzehen
2 Eigelb
abgeriebene Schale und Saft
von 1 Bio-Limette
Salz
Cayennepfeffer
¼ l Öl

Knoblauch schälen und in feine Würfel
schneiden. Knoblauch mit den Eigelben,
der Limettenschale und dem Limettensaft verrühren und mit Salz und Cayennepfeffer würzen. Das Öl unter stän-
digem Rühren zuerst tröpfchenweise,
danach in einem dünnen Strahl mit dem
Stabmixer einarbeiten, bis die Mischung
homogen ist.

AVOCADOCREME

2—3 reife Avocados
2 junge Knoblauchzehen
1 rote Peperoni
½ Bund Koriander
4 Stiele Zitronenmelisse
abgeriebene Schale und Saft
von 1 Bio-Limette
1 TL Honig
Salz
Cayennepfeffer

Avocados halbieren und die Kerne
entfernen. Fruchtfleisch herauslösen und
mit einer Gabel zerdrücken. Knoblauch
schälen und in feine Würfel schneiden.
Peperoni längs halbieren, entkernen, waschen und ebenfalls fein würfeln. Kräuter
waschen und trocken schütteln, die
Blätter abzupfen. Alle Zutaten mischen
und die Avocadocreme mit Salz und
Cayennepfeffer würzen (Foto S. 27).

CLASSIC CURRYSAUCE

4 Schalotten
2 Knoblauchzehen
1 EL Öl
1 EL brauner Zucker
2 EL Tomatenmark
2 EL fruchtiges Currypulver
100 ml Johannisbeersaft
400 g passierte Tomaten (aus dem
Tetrapak)
4 EL Honig
Salz
Chili aus der Mühle

Schalotten und Knoblauch schälen und
in feine Würfel schneiden. Öl in einer Aluschale erhitzen, Schalotte und Knoblauch
darin bei hoher direkter Hitze andünsten.
Mit Zucker bestreuen und karamellisieren. Tomatenmark dazugeben, anrösten.
Currypulver hinzufügen, mit Saft ablöschen. Tomaten dazugeben. Die Sauce
mit geschlossenem Deckel auf die Hälfte
einkochen. Durch ein Sieb streichen und
mit Honig, Salz und Chili würzen.

CLASSIC TOMA-TENKETCHUP

1 Zwiebel
2 junge Knoblauchzehen
250 g reife Cocktailtomaten
6 EL Honig
1 EL brauner Zucker
1 TL Tomatenmark
300 g passierte Tomaten
50 ml Himbeeressig
1 Msp. Zimtpulver
1 Msp. Pimentpulver
Cayennepfeffer
Salz

Zwiebel und Knoblauch schälen und fein
würfeln. Tomaten waschen und vierteln.
Honig und Zucker in einer Aluschale
bei direkter Hitze erhitzen, Zwiebel und
Knoblauch darin andünsten. Tomatenmark dazugeben und kurz mitrösten.
Tomatenviertel, passierte Tomaten und
Essig hinzufügen und die Mischung
langsam bei indirekter Hitze auf die
Hälfte einkochen. Durch ein grobes Sieb
drücken, mit den Gewürzen verfeinern
und mit Salz abschmecken (Foto S. 27).

CRISPY-BBQ-SAUCE

2 Zwiebeln
4 junge Knoblauchzehen
2 rote Peperoni
200 ml Malzbier
200 ml Hoisinsauce
200 ml Gemüsefond
Saft von 1 Zitrone
2 EL Zuckerrübensirup
2 EL Honig
½ TL Rauchsalz
100 g Tortillachips mit Chili

Zwiebeln und Knoblauch schälen und in
feine Würfel schneiden. Peperoni längs
halbieren, entkernen, waschen und fein
würfeln. Alle Zutaten bis auf die Tortillachips in eine große Aluschale geben und
bei direkter Hitze mit geschlossenem
Deckel auf die Hälfte einkochen, kalt

stellen. Chips zerbröseln und erst kurz vor dem Servieren einrühren (Foto S. 27).

KICHERERBSEN-DIP

2 Schalotten
2 junge Knoblauchzehen
200 g Kichererbsen (über Nacht in Wasser eingeweicht)
1 EL Olivenöl
300 ml Gemüsefond
4 Zweige Thymian
2 Zweige Rosmarin
½ Bund Petersilie
abgeriebene Schale und Saft von 1 Bio-Limette
Salz
Cayennepfeffer

Schalotten und Knoblauch schälen und in feine Würfel schneiden. Kichererbsen auf einem Sieb abtropfen lassen. Olivenöl in einer Aluschale bei direkter Hitze erhitzen und Schalotten und Knoblauch darin andünsten. Kichererbsen dazugeben, Fond angießen. Kichererbsen bei direkter Hitze mit geschlossenem Deckel 20 bis 25 Minuten weich garen. Kräuter waschen und trocken schütteln, Blätter bzw. Nadeln abzupfen und fein schneiden. Kichererbsen zerdrücken. Kräuter, Limettenschale und -saft unterrühren. Dip mit Salz und Cayennepfeffer würzen.

MANGO-CURRYSAUCE

2 reife Mangos
2 rote Peperoni
2 Knoblauchzehen
1 Passionsfrucht
2 EL Erdnussöl
1 EL fruchtiges Currypulver
½ TL gemahlener Koriander
2 EL Honig
Salz

Mango schälen, das Fruchtfleisch auf den flachen Seiten vom Stein schneiden

und mit einer Gabel zerdrücken. Peperoni längs halbieren, entkernen, waschen und würfeln. Knoblauch schälen und fein würfeln. Passionsfrucht halbieren und das Fruchtfleisch herauslösen. Öl in einer Aluschale bei direkter Hitze erhitzen. Peperoni und Knoblauch darin andünsten, mit Curry und Koriander bestäuben. Mangopüree, Passionsfruchtmark und Honig dazugeben, aufkochen und mit Salz würzen (Foto S. 26).

BASIS-MAYONNAISE

1 zimmerwarmes Ei
1 EL zimmerwarmer Senf
2 EL Honig
abgeriebene Schale und Saft von 1 Bio-Zitrone
Salz
Pfeffer aus der Mühle
¼ l Pflanzenöl
1 EL saure Sahne

Ei, Senf, Honig, Zitronenschale und -saft in einen hohen Rührbecher geben und mit Salz und Pfeffer würzen. Öl zuerst tröpfchenweise, dann in einem Strahl mit dem Stabmixer einarbeiten, bis die Mischung homogen ist. Saure Sahne unterrühren und Mayonnaise ggf. mit Salz und Pfeffer abschmecken (Foto S. 26).

HEIDELBEER-MAYONNAISE

50 g Heidelbeeren
1 EL Honig
25 g Ingwer
1 Rezept Basis-Mayonnaise (siehe oben)
Salz
1 Msp. Cayennepfeffer

Heidelbeeren waschen, trocken tupfen und halbieren. Mit dem Honig mischen. Ingwer schälen und in sehr feine Würfel schneiden. Heidelbeeren und Ingwer unter die Basis-Mayonnaise heben und mit Salz und Cayennepfeffer abschmecken.

PAPRIKA-MAYONNAISE

2 rote Paprikaschoten
2 gelbe Paprikaschoten
1 EL Olivenöl
2 rote Peperoni
1 Rezept Basis-Mayonnaise (siehe links)
Salz

Den Grill (mit Deckel, etwa 180 °C) für direkte Hitze vorbereiten. Paprikaschoten mit dem Olivenöl einpinseln und bei direkter Hitze mit geschlossenem Deckel 10 bis 15 Minuten grillen, bis die Haut dunkel wird und Blasen wirft. Mit einem feuchten Tuch bedeckt abkühlen lassen. Häuten, längs halbieren, entkernen und klein würfeln. Peperoni längs halbieren, entkernen, waschen und fein würfeln. Beides unter die Basis-Mayonnaise rühren. Mit Salz würzen.

THAI-CHILI-DIP

100 g Ingwer
4 junge Knoblauchzehen
2 rote Thai-Chilischoten
4 Stiele Koriandergrün
1 Ei
abgeriebene Schale und Saft von 2 Bio-Limetten
1 EL Sojasauce
1 EL Hoisinsauce
1 EL Honig
½ TL gemahlener Koriander
½ TL Fenchelpulver
¼ l Öl

Ingwer schälen, fein reiben. Knoblauch schälen und fein würfeln. Chilischoten längs halbieren, entkernen, waschen und ebenfalls fein würfeln. Koriander waschen, trocken tupfen und mit den Stielen fein schneiden. Ei, Limettenschale und -saft, Sojasauce, Hoisinsauce, Honig und Gewürze in einen hohen Rührbecher geben. Das Öl nach und nach dazugeben, alles mit dem Stabmixer glatt mixen. Ingwer, Knoblauch, Chilischoten und Koriander unterrühren.

FRÜHLING

GEGRILLTE KICHERERBSEN-BÄLLCHEN MIT BAUERNSALAT

4 PORT.

ZUTATEN:

Für die Bällchen:

- 200 g Kichererbsen (aus der Dose)
- 2 EL Speisestärke
- 4 junge Knoblauchzehen
- je 4 Stiele Petersilie, Basilikum und Dill
- 1 TL Backpulver
- Salz
- Cayennepfeffer
- Olivenöl zum Benetzen

Für den Salat:

- 1 rote Zwiebel
- 2 Knoblauchzehen
- 1 Salatgurke
- 250 g Cocktailtomaten
- 200 g Feta (Schafskäse)
- 100 g grüne und schwarze Oliven
  (entsteint)
- je 4 Stiele Petersilie und Basilikum
- Zesten und Saft von 1 Bio-Limette
- 2 EL Honig
- Salz
- Pfeffer aus der Mühle
- 75 ml Olivenöl

ZUBEREITUNG:

1 Den Grill (mit Deckel, 120 bis 180 °C) für niedrige bis mittlere direkte Hitze vorbereiten.

2 Für die Bällchen die Kichererbsen abtropfen lassen und mit der Stärke mit dem Stabmixer pürieren. Den Knoblauch schälen und in feine Würfel schneiden. Die Kräuter waschen und trocken schütteln, die Blätter bzw. Spitzen abzupfen und fein schneiden.

3 Den Knoblauch, die Kräuter und das Backpulver unter das Kichererbsenpüree mischen. Das Püree mit Salz und Cayennepfeffer würzen, zu kleinen Bällchen formen und mit reichlich Olivenöl benetzen. Die Bällchen bei direkter Hitze mit geschlossenem Deckel 8 bis 10 Minuten grillen. Dabei gelegentlich wenden.

4 Für den Salat die Zwiebel und den Knoblauch schälen und in feine Würfel schneiden. Die Gurke waschen, längs vierteln, entkernen und in Stücke schneiden. Die Tomaten waschen und halbieren. Den Feta in Würfel schneiden. Alle vorbereiteten Zutaten und die Oliven in eine Schüssel geben. Die Kräuter waschen und trocken schütteln, die Blätter abzupfen und dazugeben. Die Limettenzesten, den -saft und den Honig verrühren, mit Salz und Pfeffer würzen und das Olivenöl unterschlagen. Das Dressing mit den Salatzutaten gut vermischen.

5 Die gegrillten Kichererbsenbällchen mit dem Bauernsalat auf Tellern anrichten.

TIPP:

Am besten schmeckt der Salat, wenn man ihn ohne Kräuter über Nacht zugedeckt im Kühlschrank ziehen lässt.

CAESAR SALAD MIT KRÄUTER-KNOBLAUCH-CIABATTA

ZUTATEN:

Für das Ciabatta:
- ½ Ciabatta
- 2 junge Knoblauchzehen
- je 2 Zweige Rosmarin und Thymian
- 4–5 EL Olivenöl
- Salz
- Pfeffer aus der Mühle

Für den Salat:
- 3 Romanasalatherzen
- 200 g Cocktailtomaten
- 4 Scheiben gekochter Schinken

Für das Dressing:
- 50 g Parmesan (am Stück)
- 2 Knoblauchzehen
- 2 Sardellenfilets (in Öl)
- 3 Eigelb
- 1 TL Worcestersauce
- Saft von 1 Bio-Zitrone
- 150 ml Olivenöl
- 100 ml Gemüsefond
- Salz
- Pfeffer aus der Mühle

ZUBEREITUNG:

1 Den Grill (mit Deckel, etwa 180 °C) für mittlere direkte Hitze vorbereiten.

2 Das Ciabatta längs durchschneiden. Den Knoblauch schälen und in feine Würfel schneiden. Die Kräuter waschen und trocken tupfen, die Nadeln bzw. Blättchen abzupfen. Das Ciabatta mit dem Ölivenöl bestreichen, Knoblauch und Kräuter darauf verteilen. Mit Salz und Pfeffer würzen.

3 Das Brot bei direkter Hitze mit geschlossenem Deckel auf jeder Seite grillen, bis sich ein Muster abzeichnet. Danach in Stücke schneiden.

4 Für den Salat die Salatherzen putzen, waschen und trocken schleudern. Blätter abzupfen und klein zupfen. Tomaten waschen und halbieren. Den Schinken in Streifen schneiden. Salat, Tomaten und Schinken in eine Schüssel geben.

5 Für das Dressing den Parmesan hobeln. Den Knoblauch schälen und mit Sardellen, Eigelben, Worcestersauce und Zitronensaft in einem Rührbecher mischen. Das Olivenöl zuerst tröpfchenweise, dann in einem dünnen Strahl mit dem Stabmixer einrühren. Den Fond dazugeben. Das Dressing mit Salz und Pfeffer würzen und mit dem Parmesan verfeinern. Das Dressing über den Salat geben. Das Ciabatta dazu reichen.

TIPP:

Probieren Sie mal diese fruchtige Variante: 2 Avocados halbieren, entsteinen. Fruchtfleisch mit Zitronensaft beträufeln, salzen und pfeffern. Avocadohälften auf dem eingeölten Rost bei mittlerer Hitze mit geschlossenem Deckel 1 bis 2 Minuten grillen. Schälen, das Fruchtfleisch klein schneiden und unter den Salat heben.

BUNTE ANTIPASTI IN PIKANTEM KNOBLAUCHÖL

  4 PORT.

ZUTATEN:

Für das Knoblauchöl:
- 1 junge Knoblauchknolle
- je ½ Bund Rosmarin und Thymian
- 2 rote Peperoni
- 200 ml Öl
- 150 ml Olivenöl

Für die Antipasti:
- 1 grüne Zucchini
- 1 gelbe Zucchini
- 1 Aubergine
- 2 rote Paprikaschoten
- 250 g Austernpilze
- Salz
- Pfeffer aus der Mühle

Außerdem:
- je 100 g grüne und schwarze Oliven (entsteint)
- 50 g getrocknete Tomaten (in Öl)
- 50 g zarter Rucola
- 100 g Parmesan (am Stück)

ZUBEREITUNG:

1 Für das Knoblauchöl die Knoblauchknolle mit der weichen Haut in Scheiben schneiden. Die Kräuter waschen und trocken tupfen, die Nadeln bzw. Blättchen abzupfen. Die Peperoni längs halbieren, entkernen, waschen und in Stücke schneiden. Den Knoblauch, die Kräuter und die Peperoni in einer Schüssel mit beiden Ölsorten mischen.

2 Für die Antipasti die Zucchini und die Aubergine putzen, waschen und in Scheiben schneiden. Die Paprikaschoten längs halbieren, entkernen, waschen und in Viertel schneiden. Die Pilze putzen und, falls nötig, mit Küchenpapier trocken abreiben. Größere Pilze klein schneiden. Alle Gemüse mit dem Knoblauchöl vermischen und zugedeckt bei Zimmertemperatur etwa 30 Minuten marinieren.

3 Den Grill (mit Deckel, etwa 200 °C) für mittlere bis hohe direkte Hitze vorbereiten.

4 Die Gemüse abtropfen und auf dem Grillrost verteilen. Bei direkter Hitze mit geschlossenem Deckel grillen, bis sich ein Muster abzeichnet. Mit Salz und Pfeffer würzen, vom Grill nehmen und wieder in das Knoblauchöl geben.

5 Zum Servieren die Gemüse abtropfen lassen und mit den Oliven und den getrockneten Tomaten auf einer großen Platte anrichten. Den Rucola waschen und trocken tupfen. Den Parmeasan mit dem Sparschäler in Späne hobeln. Rucola und Parmesanhobel auf den Antipasti verteilen.

TIPP:

Das übrige Knoblauchöl können Sie zugedeckt im Kühlschrank aufbewahren und für die nächsten Antipasti verwenden.

TOM KHA GAI – KOKOS-HÜHNER-SÜPPCHEN

ZUTATEN:

- 2 Möhren
- 100 g Zuckerschoten
- 100 g Thaispargel
- 100 g Shiitakepilze
- 1 rote Peperoni
- 2 EL Erdnussöl
- abgeriebene Schale und Saft von ½ Bio-Limette
- 1 EL Fischsauce
- 2 EL Sojasauce
- Salz
- Chili aus der Mühle
- Koriander aus der Mühle
- 800 ml Geflügelfond oder Hühnerbrühe
- 200 ml Kokosmilch
- 2 Stängel Zitronengras
- 3 Kaffir-Limettenblätter
- 4 Knoblauchzehen
- 1 TL rote Thai-Currypaste
- 4 Stiele Zitronenmelisse

ZUBEREITUNG:

1. Den Grill (mit Deckel, etwa 180 °C) für mittlere direkte Hitze vorbereiten.

2. Möhren putzen, schälen und in Streifen schneiden. Zuckerschoten und Spargel putzen, waschen, holzige Enden vom Spargel abschneiden. Zuckerschoten schräg, Spargel quer halbieren. Pilze putzen und trocken abreiben. Peperoni längs halbieren, entkernen, waschen und klein schneiden.

3. Das Öl in einer Aluschale oder einem Grill-Kochgeschirr erhitzen und alle Gemüse bei direkter Hitze mit geschlossenem Deckel angrillen. Mit Limettenschale und -saft, Fischsauce, Sojasauce, Salz, Chili und Koriander würzen. Vom Grill nehmen. Pilze mit Salz und Chili würzen, auf dem Rost bei direkter Hitze grillen, bis sich ein Muster abzeichnet.

4. Den Geflügelfond und die Kokosmilch in der Aluschale oder dem Grill-Kochgeschirr mit geschlossenem Deckel aufkochen. Das Zitronengras grob zerkleinern. Die Limettenblätter einreißen. Den Knoblauch schälen und andrücken. Currypaste, Zitronengras, Limettenblätter und Knoblauch zum Fond geben und 15 bis 20 Minuten kochen lassen.

5. Die Zitronenmelisse waschen, trocken schütteln und die Blätter abzupfen. Zitronengras, Limettenblätter und Knoblauch aus der Suppe nehmen, die Gemüse hineingeben. Mit Koriander aus der Mühle und Zitronenmelisse würzen.

TIPP:

Dazu schmecken Surf&Turf-Spieße: Je 1 Garnele, 1 Jakobsmuschel und 1 Stück Hähnchen mit Haut auf halbierte Zitronengrasstängel stecken, mit Salz und Chili würzen und grillen.

ZWEIERLEI GEGRILLTER SPARGEL

ZUTATEN:

Für den weißen Spargel:

- 20 Stangen weißer Spargel
- 1 Bio-Limette
- 1 Bio-Orange
- 8 Zweige junger Thymian
- Salz
- Zucker
- 4 EL Butter
- 200 ml Gemüsefond

Für den grünen Spargel:

- 20 Stangen grüner Spargel
- 20 Scheiben luftgetrockneter Schinken (z. B. Parma- oder Serranoschinken)
- Öl für den Grillrost
- 4 Stiele krause Petersilie
- Pfeffer aus der Mühle

ZUBEREITUNG:

1 Den Grill (mit Deckel, etwa 180 °C) für mittlere direkte Hitze vorbereiten.

2 Den weißen Spargel schälen und die holzigen Enden abschneiden. Die Limette und die Orange heiß waschen, trocken reiben und in Scheiben schneiden. Den Thymian waschen und trocken schütteln. Vier große Stücke Alufolie auf der Arbeitsfläche auslegen. Abwechselnd Limetten- und Orangenscheiben auf jedes Stück legen. Je 5 Stangen weißen Spargel darauflegen und mit Salz und Zucker würzen. Je 1 EL Butter und 2 Zweige Thymian auf den Spargel legen. Folie über dem Spargel zusammenfassen, je 50 ml Fond angießen und die Folie zu Päckchen verschließen.

3 Die Spargelpäckchen bei direkter Hitze mit geschlossenem Deckel 12 bis 15 Minuten grillen.

4 Den grünen Spargel waschen und im unteren Drittel schälen, die holzigen Enden abschneiden. Jede Spargelstange in 1 Scheibe Schinken wickeln. Den Grillrost mit Öl einfetten und den grünen Spargel bei direkter Hitze mit geschlossenem Deckel 4 bis 6 Minuten grillen.

5 Inzwischen die Petersilie waschen, trocken schütteln und die Blätter abzupfen. Den grünen Spargel mit Pfeffer würzen und zum Servieren mit der Petersilie bestreuen.

TIPP:

Wenn Sie Wildspargel bekommen, greifen Sie zu. Er schmeckt besonders fein und ist — mit Salz, Pfeffer und Olivenöl gewürzt — in wenigen Minuten auf dem Grill zubereitet.

RISOTTO MIT GRÜNEM GEMÜSE

ZUTATEN:

Für den Risotto:

- 4 Schalotten
- 2 junge Knoblauchzehen
- 50 g Butter
- 150 g Risottoreis (z. B. Arborio, Carnaroli oder Vialone)
- 50 ml Weißwein
- 350 ml heißer Gemüsefond
- 50 g eiskalte Butter
- 50 g gehobelter Parmesan

Für das Gemüse:

- 70 g junger Spinat
- 250 g Thaispargel
- 250 g Zuckerschoten
- 50 ml Olivenöl
- Salz
- Pfeffer aus der Mühle
- Zucker

ZUBEREITUNG:

1 Den Grill (mit Deckel, 160 bis 180 °C) für mittlere direkte Hitze vorbereiten.

2 Für den Risotto die Schalotten und den Knoblauch schälen und in feine Würfel schneiden. Die Butter in einer Aluschale oder einem Grill-Kochgeschirr zerlassen. Den Reis dazugeben und bei direkter Hitze 1 bis 2 Minuten unter Rühren rösten. Die Schalotten und den Knoblauch hinzufügen, kurz mitrösten und den Wein dazugeben.

3 Den Fond bei direkter Hitze unter gelegentlichem Rühren nach und nach dazugießen. Dabei den Deckel immer wieder schließen. Das Garen dauert 18 bis 20 Minuten, je nachdem, wie bissfest der Reis sein soll.

4 Für das Gemüse den Spinat verlesen, waschen und trocken schleudern. Den Spargel und die Zuckerschoten waschen. Die Enden der Spargelstangen leicht begradigen und ggf. die Blütenansätze entfernen. Die Zuckerschoten schräg halbieren. Spargel und Zuckerschoten mit dem Olivenöl vermischen und mit Salz, Pfeffer und Zucker würzen. Beides auf dem Rost bei direkter Hitze mit geschlossenem Deckel 2 bis 3 Minuten grillen, bis sich ein Muster abzeichnet.

5 Die eiskalte Butter und die Hälfte des Parmesans unter den Risotto rühren. Mit Salz und Pfeffer würzen und auf tiefe Teller verteilen. Den Thaispargel, die Zuckerschoten und die Spinatblätter darauf anrichten. Mit dem restlichen Parmesan bestreuen.

MARINIERTE SCAMPISPIESSE MIT SÜSSSAUREM GURKENSALAT

ZUTATEN:

Für die Spieße:

- 16 Scampi oder 16 große Garnelen (jeweils küchenfertig)
- 1 Rezept Asiatische Nassmarinade (siehe S. 20)
- 16 gewässerte Holzspieße
- Öl für den Grillrost

Für den Salat:

- 1 Salatgurke
- 2 rote Peperoni
- 6 Stiele Koriander
- 1 TL brauner Zucker
- 4 EL Reisweinessig
- grobes Salz
- 3 EL Sojaöl
- 100 g Edamame (grüne Sojabohnen, aus dem Asienladen, aufgetaut)
- 200 g Bambusstreifen (aus der Dose, abgetropft)

Außerdem:

- 2 Schalen Kresse (z. B. Gartenkresse, Shisokresse)

ZUBEREITUNG:

1 Für die Spieße die Scampi oder Garnelen abbrausen und abtropfen lassen, dann gründlich mit den Händen mit der Marinade einreiben. Dicht nebeneinander in eine Schale legen und zugedeckt bei Zimmertemperatur mindestens 30 Minuten marinieren.

2 Den Grill (mit Deckel, etwa 200 °C) für mittlere direkte Hitze vorbereiten.

3 Für den Salat die Gurke schälen und mit dem Sparschäler der Länge nach in Streifen schneiden. Die Peperoni längs halbieren, entkernen, waschen und in feine Würfel schneiden. Den Koriander waschen und trocken schütteln, die Blätter abzupfen und beiseitelegen. Zucker, Essig und ½ TL Salz mischen und das Öl unterrühren. Die Gurkenstreifen, die Peperoni, die Edamame und die Bambusstreifen in einer Schüssel mit der Sauce mischen.

4 Die Scampi aus der Marinade nehmen und abtupfen. Anschließend der Länge nach auf die gewässerten Holzspieße stecken. Den Grillrost mit Öl einfetten und die Scampi bei direkter Hitze mit geschlossenem Deckel auf jeder Seite 1 bis 2 Minuten grillen.

5 Den Koriander zum Salat geben und den Salat mittig auf 4 Teller verteilen. Je 4 Spieße darauf anrichten und mit Kresse bestreut servieren.

TIPP:

Garnelen werden häufig fälschlicherweise als Scampi bezeichnet. Scampi haben aber eine andere Form und außerdem besitzen sie Scheren. Man bekommt sie auch unter dem Namen Kaisergranat.

THUNFISCHSTEAK MIT SALADE NIÇOISE

| 4 |
| PORT. |

ZUTATEN:

Für das Thunfischsteak:

- **4 Thunfischsteaks (à 150–200 g)**
- **2 EL Sojasauce**
- **2 EL Sesamöl**
- **Salz**
- **Pfeffer aus der Mühle**
- **Öl für den Grillrost**

Für den Salat:

- **8 gekochte Wachteleier (aus dem Glas)**
- **1 rote Zwiebel**
- **200 g Cocktailtomaten**
- **1 gelbe Paprikaschote**
- **1 rote Paprikaschote**
- **150 g Prinzessbohnen (aus der Dose)**
- **6 Sardellenfilets (in Öl)**
- **100 g schwarze Oliven (entsteint)**
- **Zesten und Saft von 1 Bio-Zitrone**
- **Salz**
- **Pfeffer aus der Mühle**
- **50 ml Olivenöl**
- **4 Stiele Petersilie**

ZUBEREITUNG:

1 Für die Thunfischsteaks den Grill (mit Deckel, etwa 220 °C) für hohe direkte Hitze vorbereiten.

2 Die Thunfischsteaks waschen und trocken tupfen. Auf beiden Seiten mit der Sojasauce und dem Sesamöl einpinseln und mit Salz und Pfeffer würzen.

3 Für den Salat die Eier halbieren. Die Zwiebel schälen, halbieren und in Streifen schneiden. Die Tomaten waschen und halbieren. Die Paprikaschoten mit dem Sparschäler schälen, längs halbieren, entkernen und in Rauten schneiden. Die Bohnen und die Sardellenfilets abtropfen lassen, die Oliven in Scheiben schneiden. Alle Zutaten für den Salat in einer Schüssel mischen.

4 Die Zitronenzesten und den -saft mit Salz und Pfeffer verrühren und das Olivenöl unterschlagen. Das Dressing unter den Salat mischen. Die Petersilie waschen und trocken schütteln, die Blätter abzupfen und fein schneiden.

5 Den Grillrost mit Öl einfetten und die Thunfischsteaks bei direkter Hitze offen auf jeder Seite 1 bis 2 Minuten (je nach gewünschtem Garzustand) angrillen.

6 Den Salat auf Teller verteilen und mit der Petersilie bestreuen. Die Thunfischsteaks daneben anrichten.

TIPP:

Kaufen Sie am besten Thunfisch in Sashimi-Qualität. Er ist superfrisch, hat eine leuchtend rote Farbe und wird unter anderem für Sushi verwendet.

GEFÜLLTER WOLFSBARSCH IM GEKRÄUTERTEN SALZMANTEL

ZUTATEN:

Für den Teig:

- 1 Bund Kräuter der Provence (Thymian, Rosmarin, Lorbeerblätter)
- 4 Eiweiß
- 800 g Mehl
- 100 g Meersalz
- Mehl für die Arbeitsfläche

Für den Wolfsbarsch:

- 1 Wolfsbarsch (ca. 1 ½ kg; ausgenommen)
- Salz
- Pfeffer aus der Mühle
- 1 rote Peperoni
- 3—4 junge Knoblauchzehen
- 4 Stiele Petersilie
- Zesten und Saft von 1 Bio-Zitrone

ZUBEREITUNG:

1 Für den Teig die Kräuter waschen und trocken schütteln, die Blättchen bzw. Nadeln abzupfen und mit den Lorbeerblättern klein hacken. Die Eiweiße mit 200 ml Wasser leicht anschlagen. Die Kräuter, das Mehl und das Salz dazugeben und alle Zutaten zu einem festen Teig verarbeiten.

2 Den Wolfsbarsch waschen und die Schuppen mit einem Fischschupper — am besten in einer großen Plastiktüte unter fließendem kaltem Wasser — entfernen. Die Flossen (bis auf die Schwanzflosse) mit einer Schere abschneiden. (Alternativ vom Fischhändler vorbereiten lassen.) Den Fisch nochmals innen und außen waschen, trocken tupfen und die Bauchhöhle mit Salz und Pfeffer würzen.

3 Die Peperoni längs halbieren, entkernen, waschen und klein schneiden. Den Knoblauch schälen und in Würfel schneiden. Die Petersilie waschen, trocken schütteln und die Blätter abzupfen. Den Fisch mit allen Zutaten füllen.

4 Den Grill (mit Deckel, etwa 200 °C) für mittlere bis hohe indirekte Hitze vorbereiten.

5 Den Teig auf der bemehlten Arbeitsfläche ausrollen. Den Wolfsbarsch darauflegen und komplett im Teig einschlagen. Drei bis vier Lagen Alufolie in der Größe des Fisches aufeinanderlegen und den Fisch mit der überlappenden Teigseite darauflegen.

6 Den Fisch bei indirekter Hitze mit geschlossenem Deckel 30 bis 35 Minuten grillen. Dann ohne Hitze 5 bis 10 Minuten ruhen lassen. Den Teig rundum einschneiden und den Wolfsbarsch auf eine Servierplatte legen. Mit Zitronenzesten und -saft würzen. Dazu schmecken Gemüsespieße.

SEAFOOD BURGER

ZUTATEN:

Für die Buns:
- 1 Rolle Croissantteig zum Aufbacken (aus dem Kühlregal)
- 1 Eigelb
- helle Sesamsamen und Chiliflocken zum Bestreuen

Für den Belag:
- ½ Salatgurke
- 1 Baby-Ananas
- 2 Romanasalatherzen
- 1 Rezept Heidelbeer-Mayonnaise (siehe S. 29)

Für das Seafood:
- 4 Riesengarnelen (bis auf den Schwanzfächer geschält)
- 4 Jakobsmuscheln (ausgelöst, ohne Corail)
- 200 g Lachsfilet
- Salz
- Pfeffer aus der Mühle
- Öl für den Grillrost

ZUBEREITUNG:

1 Den Grill (mit Deckel, etwa 200 °C) für mittlere bis hohe direkte Hitze vorbereiten.

2 Für die Buns den Teig auswickeln und in vier Scheiben schneiden. Mit dem verquirlten Eigelb bestreichen und mit Sesamsamen und Chiliflocken bestreuen. Auf doppelt gelegte Alufolie oder einen Pizzastein setzen und bei direkter Hitze mit geschlossenem Deckel 6 bis 8 Minuten grillen.

3 Für den Belag die Gurke waschen und in Scheiben schneiden. Die Ananas schälen, vierteln, den Strunk entfernen und die Viertel in Stücke schneiden. Die Salatherzen putzen, waschen und trocken schleudern, Blätter abzupfen.

4 Für das Seafood die Garnelen der Länge nach aufschneiden und den dunklen Darm entfernen. Die Garnelen abbrausen und abtropfen lassen. Die Jakobsmuscheln waschen und abtropfen lassen. Das Lachsfilet waschen und trocken tupfen. Die Garnelen, die Jakobsmuscheln und das Lachsfilet mit Salz und Pfeffer würzen. Den Grillrost mit Öl einfetten, die Meeresfrüchte und das Lachsfilet bei direkter Hitze mit geschlossenem Deckel auf jeder Seite 1 bis 2 Minuten grillen.

5 Die gegrillten Buns halbieren und die Schnittflächen mit der Heidelbeer-Mayonnaise bestreichen. Die unteren Hälften mit Salatblättern, Gurkenscheiben und Ananasstücken belegen. Das Lachsfilet in 4 Stücke schneiden und jede Bun-Unterseite mit 1 Riesengarnele, 1 Jakobsmuschel und 1 Stück Lachs belegen. Die Oberseite der Buns daraufsetzen und die Seafood-Burger sofort servieren.

MAISCHOLLE MIT MOJO VERDE

ZUTATEN:

Für die Maischolle:

- 4 kleine Maischollen (à ca. 200 g; küchenfertig)
- 1 Rezept Tee-Rub (siehe S. 21)
- Öl für den Grillrost

Für die Mojo verde:

- 2 Avocados
- 2 Knoblauchzehen
- 2 Schalotten
- 1 grüne Paprikaschote
- 2 grüne Peperoni
- 1 Bund krause Petersilie
- 1 Bund Koriandergrün
- Zesten und Saft von 1 Bio-Limette
- gemahlener Kreuzkümmel
- 50 ml Olivenöl
- Salz
- Pfeffer aus der Mühle

ZUBEREITUNG:

1 Die Maischollen waschen und trocken tupfen. Die Haut auf beiden Seiten einschneiden. Mit den Händen mit dem Tee-Rub einreiben und zugedeckt bei Zimmertemperatur mindestens 30 Minuten marinieren.

2 Für die Mojo verde die Avocados halbieren und den Stein entfernen. Die Avocadohälften schälen und das Fruchtfleisch in Würfel schneiden. Den Knoblauch und die Schalotten schälen und in feine Würfel schneiden. Die Paprikaschote längs halbieren, entkernen und mit dem Sparschäler schälen. Die Peperoni längs halbieren, entkernen und waschen. Paprika und Peperoni in Würfel schneiden.

3 Die Petersilie und den Koriander waschen und trocken schütteln, die Blätter abzupfen und fein schneiden. Einige Blätter zum Garnieren beiseitelegen. Alle vorbereiteten Zutaten für die Mojo verde mit den Limettenzesten und dem -saft sowie 1 Prise Kreuzkümmel und dem Olivenöl mischen. Mit Salz und Pfeffer würzen.

4 Den Grill (mit Deckel, etwa 200 °C) für mittlere bis hohe direkte Hitze vorbereiten.

5 Den Grillrost mit Öl einfetten und die marinierten Schollen bei direkter Hitze mit geschlossenem Deckel auf jeder Seite 5 bis 6 Minuten grillen. Die Schollen auf Tellern anrichten und die Mojo verde dazu servieren.

TIPP:

Wenn Sie keinen Zestenreißer haben, können Sie die Schale von Zitrusfrüchten mit dem Sparschäler ganz dünn abschälen und dann mit einem Messer in feine Streifen schneiden. Das Weiße dabei aussparen, es ist bitter.

STUBENKÜKEN MIT BBQ-RUB

ZUTATEN:

- **2 Stubenküken**
- **1 Rezept BBQ-Rub (siehe S. 20)**
- **Öl für den Grillrost**

ZUBEREITUNG:

1 Die Stubenküken waschen und trocken tupfen. In der Mitte durchschneiden und den Rückenknochen mit der Schere herausschneiden. Die Gelenke der Keulen von Knorpel, Fett und Sehnen befreien. Die Stubenküken rundum mit dem BBQ-Rub einreiben und zugedeckt bei Zimmertemperatur mindestens 30 Minuten marinieren, am besten aber zugedeckt über Nacht im Kühlschrank marinieren.

2 Den Grill (mit Deckel, etwa 200 °C) für mittlere bis hohe direkte/indirekte Hitze vorbereiten.

3 Den Grillrost mit Öl einfetten und die Stubenküken mit der Hautseite nach unten bei direkter Hitze mit geschlossenem Deckel grillen, bis sich ein Muster abzeichnet. Danach wenden und bei indirekter Hitze mit geschlossenem Deckel weitere 15 bis 20 Minuten fertig grillen.

TIPP:

Durch das Lösen der Gelenke sowie der Sehnen zieht sich das Fleisch zusammen und wird kompakter. Das verhindert unter anderem das Austrocknen des Fleisches während des Grillens.

SCHWEINEBAUCH MIT HONEY-LEMON-MOP

ZUTATEN:

- **1 ½ kg Schweinebauch (mit Schwarte)**
- **1 Rezept Sweet-Chili-Rub (siehe S. 21)**
- **1 Rezept Honey-Lemon-Mop**
  (siehe S. 24)

ZUBEREITUNG:

1 Die Schwarte des Schweinebauchs einschneiden (siehe Tipp). Den Schweinebauch rundum mit dem Sweet-Chili-Rub einreiben und zugedeckt bei Zimmertemperatur mindestens 30 Minuten, am besten aber über Nacht zugedeckt im Kühlschrank marinieren.

2 Den Grill (mit Deckel, etwa 160 °C) für mittlere indirekte Hitze vorbereiten.

3 Den Schweinebauch mit der Schwarte nach oben in eine Aluschale legen und bei indirekter Hitze mit geschlossenem Deckel 4 bis 4 ½ Stunden grillen. Während dieser Zeit immer wieder rundum mit dem Honey-Lemon-Mop einpinseln, bis dieser aufgebraucht ist.

4 Die Temperatur 15 bis 20 Minuten vor Ende der Garzeit auf etwa 200 °C erhöhen und den Schweinebauch bei indirekter Hitze mit geschlossenem Deckel knusprig grillen.

TIPP:

Durch das Einschneiden der Schwarte kann der Sweet-Chili-Rub wunderbar ins Fleisch einziehen. Vorsicht: Die Schwarte nicht zu tief einschneiden, das Fleisch darunter darf nicht verletzt werden, sonst läuft der Saft aus und das Fleisch wird trocken.

US-ROASTBEEF MIT GEFÜLLTEN KARTOFFELN

 4 PORT.

ZUTATEN:

Für die gefüllten Kartoffeln:
- 20 gegarte La Ratte-Kartoffeln
- 2 Knoblauchzehen
- 100 g Mascarpone
- 50 g saure Sahne
- 10 Scheiben Frühstücksspeck (Bacon)

Für die Frühlingszwiebeln:
- 1 Bund Frühlingszwiebeln
- Olivenöl zum Benetzen
- Salz
- Pfeffer aus der Mühle

Für das Roastbeef:
- 4 trocken gereifte US-Roastbeefs
  (à 300–350 g; siehe S. 13)
- Salz
- Pfeffer aus der Mühle
- Öl für den Grillrost

ZUBEREITUNG:

1. Den Grill (mit Deckel, etwa 250 °C) für hohe direkte/indirekte Hitze vorbereiten.

2. Für die gefüllten Kartoffeln die Kartoffeln mit Schale längs halbieren und vorsichtig bis auf einen dünnen Rand aushöhlen. (Das Fruchtfleisch für ein Salatdressing verwenden.) Den Knoblauch schälen und in feine Würfel schneiden. Mit dem Mascarpone und der sauren Sahne verrühren, mit Salz und Pfeffer würzen und in die Hälften füllen. Die Speckscheiben längs halbieren. Die Kartoffelhälften zusammensetzen und mit Speck umwickeln.

3. Die Frühlingszwiebeln putzen, waschen und mit Olivenöl bestreichen sowie mit Salz und Pfeffer würzen.

4. Für das Roastbeef das Fleisch mit Salz und Pfeffer würzen. Den Grillrost mit Öl einfetten und das Fleisch bei direkter Hitze mit geschlossenem Deckel 1 bis 2 Minuten grillen, bis sich ein Muster abzeichnet. Die Steaks bei indirekter Hitze weitere 4 bis 5 Minuten grillen und anschließend 5 bis 10 Minuten ohne Hitze ruhen lassen.

5. Die gefüllten Kartoffeln bei indirekter Hitze 6 bis 8 Minuten grillen, bis der Speck knusprig braun ist. Die Frühlingszwiebeln bei direkter Hitze 2 bis 3 Minuten auf Sicht grillen. Die Steaks mit den gefüllten Kartoffeln und den Frühlingszwiebeln auf Tellern anrichten und sofort servieren.

TIPP:

Anstelle der La-Ratte-Kartoffeln eignen sich auch Bamberger Hörnchen oder Drillinge zum Füllen. Zu diesem Rezept passt sehr gut Paprika-Mayonnaise (siehe S. 29).

AMERICAN WILDBERRY BABY BACK RIBS

ZUTATEN:

- ca. 1 kg Baby Back Ribs (Kotelett-rippchen, siehe Tipp)
- 1 Rezept Cajun-Rub (siehe S. 20)
- 1 Rezept Wildberry-Mop (siehe S. 25)
- Öl für den Grillrost

ZUBEREITUNG:

1. Das Fleisch waschen und trocken tupfen. Die Silberhaut auf der Kochen-Innenseite der Rippchen abziehen. Dabei mit einem Tafelmesser eng am Knochen unter die Silberhaut gehen, leicht lösen und mithilfe von Küchenpapier abzie-hen. Mit dem Cajun-Rub rundum einreiben und zugedeckt mindestens 30 Minuten bei Zimmertemperatur, am besten aber über Nacht zugedeckt im Kühlschrank marinieren.

2. Den Grill (mit Deckel, etwa 160 °C) für mittlere indirekte Hitze vorbereiten.

3. Den Grillrost mit Öl einfetten und die Rippchen bei indirek-ter Hitze mit geschlossenem Deckel 2 ½ bis 3 Stunden gril-len. Während dieser Zeit immer wieder mit dem Wildberry-Mop einpinseln, bis dieser aufgebraucht ist.

TIPP:

Baby Back Ribs sind Kotelettrippchen, die magerer und zarter sind als klassische Spareribs, da sie aus dem Schweinerücken geschnitten werden.

SELBST GEMACHTE CURRYWURST MIT POMMES

ZUTATEN:

Für die Würste:

- 600 g eiskaltes Kalbsfleisch (am besten trocken gereift, siehe S. 13)
- 200 g eiskalter Frühstücksspeck (Bacon)
- 100 g eiskalter Lardo (ital. fetter Speck)
- 1 Eiweiß
- Salz
- 1 EL Currypulver
- 1 TL gemahlener Koriander
- 1 TL frisch gemahlener Pfeffer
- 2 m Naturdarm vom Schwein (ca. 26/28; vom Metzger)
- Öl für den Grillrost

Für die Pommes Frites:

- 6 große festkochende Kartoffeln (gerne auch verschiedenfarbige)
- 4 Knoblauchzehen
- 50 ml Öl
- 1 Bund Petersilie
- Zesten und Saft von ½ Bio-Zitrone
- Salz

Außerdem:

- 1 Rezept Classic Currysauce (siehe S. 28)
- Currypulver zum Bestreuen

ZUBEREITUNG:

1 Für die Würste das Fleisch, den Frühstücksspeck und den Lardo in Würfel schneiden und durch den Fleischwolf mit feiner Scheibe drehen. Mit dem Eiweiß, 2 TL Salz und den Gewürzen im Blitzhacker kurz und schnell – nach Geschmack grob oder fein – mixen.

2 Die Mischung mithilfe des Aufsatzes vom Fleischwolf in den Darm füllen und zu 8 Würsten von 20 cm Länge eindrehen.

3 Für die Pommes Frites die Kartoffeln schälen, waschen und trocken tupfen. In Stifte schneiden und in eine Schüssel geben. Den Knoblauch schälen, in grobe Würfel schneiden und zu den Kartoffelstiften geben. Das Öl gut untermischen. Die Petersilie waschen und trocken schütteln, die Blätter abzupfen und grob schneiden.

4 Den Grill (mit Deckel, etwa 200 °C) für mittlere direkte/indirekte Hitze vorbereiten.

5 Die Kartoffelstifte in eine Aluschale oder ein Grill-Kochgeschirr geben und bei indirekter Hitze mit geschlossenem Deckel 15 bis 20 Minuten grillen.

6 Den Grillrost mit Öl einfetten, die Würstchen darauflegen und 2 bis 3 Minuten bei direkter Hitze mit geschlossenem Deckel grillen, wenden und 2 bis 3 Minuten fertig grillen.

7 Die Currywurst mit der Sauce anrichten und mit dem Currypulver bestreuen. Die Pommes mit den Zitronenzesten bestreuen und mit Zitronensaft und Salz würzen. Mit der Petersilie bestreuen.

GEFÜLLTE LAMMKOTELETTS MIT TABOULEH

ZUTATEN:

Für den Tabouleh:

- 2 Knoblauchzehen
- 1 Schalotte
- 1 Stück Salatgurke (ca. 100 g)
- je ½ gelbe und rote Paprikaschote
- 300 ml Gemüsefond
- 150 g Instant-Couscous
- 2 EL feines Olivenöl
- 3 EL Pinienkerne
- je ½ Bund Minze und Petersilie
- Salz
- Chilipulver

Für die Koteletts:

- 100 g eiskaltes mageres Geflügelfleisch
- 2 EL eiskalte Sahne
- abgeriebene Schale von 1 Bio-Zitrone
- Salz
- Pfeffer aus der Mühle
- 2 sehr kleine Zucchini
- 8 Lammkoteletts
- 1 Schweinenetz (vom Metzger)
- Öl für den Grillrost

TIPP:

Für Veganer füllen Sie den Tabouleh in Zuchiniblüten und grillen diese bei schwacher indirekter Hitze 6 bis 8 Minuten. Reichen Sie dazu den Kichererbsen-Dip von Seite 29.

ZUBEREITUNG:

1 Den Grill (mit Deckel, etwa 180 °C) für mittlere direkte Hitze vorbereiten.

2 Für den Tabouleh den Knoblauch, Schalotte und das Gurkenstück schälen und in feine Würfel schneiden. Paprikaschoten entkernen, waschen und würfeln, ein Stück rote Paprikaschote beiseitelegen. Fond in einer Aluschale oder einem Grill-Kochgeschirr bei direkter Hitze mit geschlossenem Deckel aufkochen. Den Couscous hinzufügen und zugedeckt ohne Hitze etwa 5 Minuten quellen lassen.

3 Das Olivenöl in eine zweite Aluschale geben und die Pinienkerne darin bei direkter Hitze goldbraun rösten. Die Kräuter waschen und trocken schütteln, die Blätter abzupfen und fein schneiden. Alle vorbereiteten Zutaten unter den Couscous rühren. Den Tabouleh mit Salz und Chilipulver würzen.

4 Für die Koteletts das Geflügel mit Sahne und Zitronenschale im Blitzhacker sehr fein zerkleinern, mit Salz und Pfeffer würzen. Die Zucchini putzen, waschen und in Scheiben schneiden. Aus dem beiseitegelegten Stück Paprikaschote mit dem Perlenausstecher kleine Kugeln ausstechen.

5 In die Koteletts eine Tasche schneiden und den Tabouleh einfüllen, Rest beiseitestellen. Die Farce dünn aufstreichen und mit Zucchinischeiben und Paprikaperlen belegen. Das Schweinenetz in acht Stücke schneiden und jedes Kotelett mit Schweinenetz umwickeln. Mit Salz und Pfeffer würzen.

6 Den Grillrost mit Öl einfetten und die Koteletts bei direkter Hitze mit geschlossenem Deckel auf jeder Seite 3 bis 4 Minuten grillen. Etwa 5 Minuten ohne Hitze ruhen lassen. Koteletts mit dem übrigen Tabouleh als Beilage servieren.

MINI-PIZZASPIESSE MIT ERDBEER-MANDEL-BELAG

ZUTATEN:

Für die Pizzaspieße:

- 1 Rolle Pizzateig (aus dem Kühlregal)
- Mehl zum Bestäuben
- 250 g kleine Erdbeeren
- 100 g gebrannte Mandeln (siehe Tipp)
- 50 g Erdbeer-Rhabarber-Konfitüre
- 1–2 EL Öl zum Bestreichen
- Zesten und Filets von 1 Bio-Orange

Außerdem:

- 8 gewässerte Holzspieße
- 4 Stiele Zitronenmelisse
- Puderzucker zum Bestäuben

ZUBEREITUNG:

1. Den Grill (mit Deckel, etwa 200 °C) für mittlere bis hohe indirekte Hitze vorbereiten.

2. Den Pizzateig auf der Arbeitsfläche auseinanderrollen und acht Kreise (etwa 8 cm Durchmesser) ausstechen. Je einen Holzspieß mittig hineindrücken und die Teigkreise vorsichtig umdrehen. Ein großes Stück Alufolie doppelt legen oder einen Pizzastein bereitlegen. Die Folie oder den Stein mit Mehl bestäuben und die Teigkreise am Spieß darauflegen.

3. Die Erdbeeren waschen, putzen und halbieren. Die gebrannten Mandeln grob hacken. Die Teigkreise mit der Konfitüre bestreichen und die Teigränder jeweils mit Öl bestreichen. Die Pizzakreise mit Erdbeeren, gehackten Mandeln sowie Orangenzesten und -filets belegen.

4. Die Pizzaspieße bei indirekter Hitze mit geschlossenem Deckel 15 bis 20 Minuten grillen.

5. Inzwischen die Zitronenmelisse waschen und trocken schütteln, die Blätter abzupfen und fein schneiden. Die Spieße vom Grill nehmen, mit Puderzucker bestäuben und mit Zitronenmelisse garnieren.

TIPP:

Für gebrannte Mandeln 100 g Vanillezucker, den Saft von 1 Zitrone und 80 ml Wasser in einem Topf aufkochen und auf die Hälfte reduzieren. 150 g blanchierte Mandeln dazugeben und rühren, bis der Zucker karamellisiert und sich goldbraun um die Mandeln schmiegt.

SÜSSES SUSHI MIT TAHITI-VANILLESAUCE

4 PORT.

ZUTATEN:

Für das Sushi:
- 150 g Sushi-Reis
- 1 EL Mirin (jap. Reiswein)
- 50 ml Pflaumenwein
- Salz
- 4 EL Zucker
- 1 Mango
- 1 Baby-Ananas
- 2 grüne Kiwis
- 200 g Erdbeeren
- Kokosraspel zum Wälzen
- Öl für den Grillrost

Für die Vanillesauce:
- 300 g Sahne
- Mark von 1 Tahiti-Vanilleschote
- 90 g Eigelb (4—5 Eigelb)
- 1 Msp. Zimtpulver
- 50 g Zucker

ZUBEREITUNG:

1 Den Grill (mit Deckel, etwa 160 °C) für niedrige bis mittlere direkte/indirekte Hitze vorbereiten.

2 Für das Sushi den Reis 1 bis 2 Minuten wässern und auf einem Sieb abtropfen lassen. 200 ml Wasser mit dem Mirin, dem Pflaumenwein, ½ TL Salz, dem Zucker und dem Reis in einer Aluschale oder in einem Grill-Kochgeschirr bei direkter Hitze mit geschlossenem Deckel aufkochen. Mit Alufolie oder dem Deckel des Grill-Kochgeschirrs verschließen und bei indirekter Hitze 15 bis 20 Minuten ziehen lassen.

3 Für die Vanillesauce die Sahne und das Vanillemark in einer Aluschale bei direkter Hitze mit geschlossenem Deckel zum Kochen bringen. Die Eigelbe mit Zimt und Zucker in einer hohen Aluschale gut verschlagen. Die Vanillesahne zuerst tröpfchenweise und danach in einem dünnen Strahl zur Eigelbmischung geben. Das Ganze bei langsam ansteigender Hitze rühren, bis eine Bindung entsteht.

4 Die Mango, die Ananas und die Kiwis schälen und in gleich dicke Stifte schneiden. Die Erdbeeren waschen, putzen und ebenfalls in Stifte schneiden. Den Reis vom Grill nehmen. Eine Sushi-Matte mit angefeuchteter Alufolie belegen und die Hälfte des Reises darauf verteilen. Die Hälfte der Fruchtstifte in der Mitte nach Sorten getrennt darauflegen und das Ganze mithilfe der Matte einrollen. Die Alufolie entfernen und die Rolle vorsichtig in den Kokosraspeln wälzen. Mit den übrigen Zutaten eine zweite Rolle zubereiten.

5 Den Grillrost mit Öl einfetten und die Sushi-Rollen auf dem Rost bei direkter Hitze rundum auf Sicht grillen, bis sich ein Muster abzeichnet. Dann in je 8 Stücke schneiden und mit der Vanillesauce servieren.

SOMMER

UR-TOMATEN MIT TOMATEN-ANANAS-CHUTNEY

ZUTATEN:

Für die Füllung:

- 1 Baby-Ananas
- 200 g getrocknete Tomaten (in Öl)
- 100 g getrocknete Ananas
- 2 Schalotten
- 2 Knoblauchzehen
- 1 rote Peperoni
- 2 EL Öl von den eingelegten Tomaten
- Saft von 1 Bio-Limette
- 200 ml Ananassaft
- 2 EL Honig
- Salz
- Chili aus der Mühle

Für die Tomaten:

- 4 Ur-Tomaten (z. B. Rebellion)
- 100 g verschiedene Käse (z. B. Camembert, Cheddar, Ziegenkäse)
- 1 Handvoll Rucola
- Salz
- Pfeffer aus der Mühle
- Olivenöl
- 4 EL Honig

ZUBEREITUNG:

1. Den Grill (mit Deckel, etwa 180 °C) für mittlere direkte Hitze vorbereiten.

2. Für die Füllung die Baby-Ananas schälen, vierteln und den harten Strunk herausschneiden. Die Viertel in Würfel schneiden. Die getrockneten Tomaten abtropfen lassen und mit den getrockneten Ananas in grobe Würfel schneiden. Die Schalotten und den Knoblauch schälen und in feine Würfel schneiden. Die Peperoni längs halbieren, entkernen, waschen und ebenfalls in feine Würfel schneiden.

3. Das Tomatenöl in einer Aluschale oder einem Grill-Kochgeschirr bei direkter Hitze erhitzen und die Schalotten und den Knoblauch darin mit Alufolie abgedeckt oder mit geschlossenem Deckel glasig angrillen. Ananas-, Tomaten- und Peperoniwürfel dazugeben, kurz mitgrillen und mit dem Limetten- und dem Ananassaft ablöschen. Den Honig dazugeben und die Mischung mit Salz und Chili würzen. Mit geschlossenem Deckel einkochen.

4. Für die Tomaten die Ur-Tomaten waschen und jeweils einen Deckel abschneiden. Das Innere mit einem Löffel entfernen, ohne dabei den Boden und die Ränder zu verletzen.

5. Die eingekochte Füllung in die Tomaten geben. Den Käse in Scheiben oder Würfel schneiden und auf der Füllung verteilen. Die Tomaten bei direkter Hitze mit geschlossenem Deckel etwa 5 Minuten grillen.

6. Den Rucola verlesen, waschen und trocken schütteln, grobe Stiele entfernen. Die Blätter mit Salz, Pfeffer und etwas Olivenöl marinieren. Den Honig über den Käse träufeln, mit Pfeffer würzen und die Tomaten mit dem Rucola bestreuen.

GEGRILLTE ARTISCHOCKEN MIT WILDKRÄUTERSALAT

ZUTATEN:

Für die Artischocken:

- Saft von 2 Zitronen
- 8 Artischocken
- 2 EL Olivenöl
- Salz
- Pfeffer aus der Mühle
- Öl für den Grillrost

Für den Salat:

- 2 Orangen
- 50 g heller Frisée
- 50 g Wildkräutersalat (z. B. Bärenklau, Rucola, Babyspinat, Löwenzahn, Blutampfer, Schafgarbe)
- 8 Stiele Kerbel
- 1 EL Olivenöl
- Saft von ½ Bio-Zitrone
- Salz
- Pfeffer aus der Mühle

ZUBEREITUNG:

1 Den Grill (mit Deckel, etwa 160 °C) für mittlere direkte/ indirekte Hitze vorbereiten.

2 Für die Artischocken den Zitronensaft mit Wasser in eine Schüssel geben. Von den Artischocken den Stiel sowie die harten Blattspitzen im oberen Teil abtrennen, die verbliebenen Blätter rund um den Artischockenboden abschneiden. Das „Heu" mit einem Teelöffel herauslösen. Die Artischocken bis zur Verwendung in das Zitronenwasser legen.

3 Für den Salat die Orangen so großzügig schälen, dass auch die weiße Haut mit entfernt wird. Die Filets zwischen den Trennhäuten herausschneiden, dabei den Saft auffangen und beiseitestellen.

4 Die Artischocken trocken tupfen, mit dem Olivenöl einreiben und mit Salz und Pfeffer würzen. Den Grillrost mit Öl einfetten und die Artischockenböden mit geschlossenem Deckel auf beiden Seiten grillen, bis ein Muster entsteht. Dann bei indirekter Hitze mit geschlossenem Deckel 15 bis 20 Minuten weich grillen.

5 Den Frisée und den Wildkräutersalat putzen, waschen und trocken schleudern. Den Kerbel waschen, trocken schütteln und die Blätter abzupfen. Die Salate mischen und mit Olivenöl, Orangen- und Zitronensaft, Salz und Pfeffer würzen. Die gegrillten Artischocken in Spalten schneiden und mit den Orangenfilets und dem Salat anrichten. Mit dem Kerbel bestreuen.

GEFÜLLTE RIESENCHAMPIGNONS

ZUTATEN:

- 16 Riesenchampignons
- 2 Schalotten
- 2 Knoblauchzehen
- ½ Bund Thymian
- 50 g junger Spinat
- 4 EL Olivenöl
- Salz
- Pfeffer aus der Mühle
- 2 cl Madeira (port. Likörwein)
- 150 g Frischkäse
- Zesten von 2 Bio-Limetten

ZUBEREITUNG:

1 Den Grill (mit Deckel, etwa 200 °C) für mittlere bis hohe direkte Hitze vorbereiten.

2 Die Champignons putzen und, falls nötig, trocken abreiben. Die Stiele vorsichtig herausdrehen. Die Stiele und 4 Pilze in feine Würfel schneiden. Die Schalotten und den Knoblauch schälen und ebenfalls in Würfel schneiden. Den Thymian waschen, trocken schütteln und die Blättchen abzupfen. Den Spinat verlesen, waschen und trocken schleudern.

3 Das Olivenöl in eine Aluschale oder ein Grill-Kochgeschirr geben und die gehackten Pilze und Stiele bei direkter Hitze mit geschlossenem Deckel 3 bis 4 Minuten grillen. Schalotten, Knoblauch und Thymian dazugeben, kurz mitgrillen und alles mit Salz und Pfeffer würzen. Mit dem Madeira ablöschen, vom Grill nehmen und kurz abkühlen lassen.

4 Die Pilzmischung mit dem Frischkäse, dem Spinat (bis auf einige Blätter) und den Limettenzesten mischen. Mit Salz und Pfeffer würzen und in die Pilze füllen.

5 Die gefüllten Pilze bei direkter Hitze mit geschlossenem Deckel 6 bis 8 Minuten grillen. Zum Servieren mit den restlichen Spinatblättern bestreuen.

TIPP:

Die Riesenchampignons lassen sich auch gut mit Tabouleh (siehe S. 62) füllen. Als süßere Variante schmeckt auch das Tomaten-Ananas-Chutney (siehe S. 71).
Nach Belieben jeden Pilz mit einer Scheibe Schinken belegen.

BUNTER BOHNENSALAT MIT GEGRILLTER PAPRIKA

ZUTATEN:

- 200 g grüne Bohnen
- 200 g Keniabohnen
- 200 g Zuckerschoten
- 200 g frische Käferbohnen (Feuerbohnen)
- Salz
- 2 gelbe Paprikaschoten
- 2 EL Öl
- 1 Zwiebel
- 2 Stiele Estragon
- 2 EL Olivenöl
- 100 g getrocknete Tomaten (in Öl)
- Pfeffer aus der Mühle
- 4 Scheiben Frühstücksspeck
- Saft von 1 Bio-Limette

ZUBEREITUNG:

1 Die grünen Bohnen und die Keniabohnen putzen, waschen und halbieren. Die Zuckerschoten putzen, waschen und schräg in Stücke schneiden. Grüne Bohnen, Keniabohnen, Zuckerschoten und Käferbohnen in kochendem Salzwasser bissfest garen. In ein Sieb abgießen, kalt abschrecken und trocken tupfen.

2 Den Grill (mit Deckel, etwa 200 °C) für hohe direkte Hitze vorbereiten.

3 Die Paprikaschoten waschen, trocken tupfen und mit dem Öl einreiben. Bei direkter Hitze mit geschlossenem Deckel grillen, bis die Haut dunkelbraun bis schwarz ist. In eine Schüssel geben, mit Folie abdecken und etwa 20 Minuten schwitzen lassen.

4 Die Zwiebel schälen und in feine Würfel schneiden. Den Estragon waschen, trocken tupfen und die Blätter abzupfen. Eine Aluschale oder ein Grill-Kochgeschirr bei direkter Hitze mit geschlossenem Deckel erhitzen. Das Olivenöl darin erhitzen und die Zwiebel, die Bohnen und die getrockneten Tomaten darin mit geschlossenem Deckel etwa 5 Minuten grillen. Mit Salz und Pfeffer würzen. Die Speckscheiben auf Sicht knusprig grillen.

5 Die Paprikaschoten häuten, halbieren, entkernen und in Stücke schneiden. Den Bohnensalat in eine Schüssel geben und die Paprikastücke untermischen. Den Salat mit Limettensaft und Estragon verfeinern. Den Speck grob zerbröseln und darüberstreuen.

TIPP:

Für eine vegetarische Variante den Speck weglassen.

BREZENKNÖDEL MIT TOMATENVINAIGRETTE

ZUTATEN:

Für die Knödel:

- 8 frische Brezen
- 1 Zwiebel
- 6 Scheiben Frühstücksspeck
- ¼ l Milch
- 100 g gemischte Pilze (z. B. Kräuterseit-linge, Austernpilze, Champignons)
- Salz
- Pfeffer aus der Mühle
- Öl für den Grillrost
- ½ Bund Petersilie
- 5 Eigelb

Für die Tomatenvinaigrette:

- 2 Tomaten
- 2 Schalotten
- 50 g getrocknete Tomaten (in Öl)
- ½ Bund Petersilie
- 50 ml Tomatenessig
- 2 EL Honig
- 50 ml Olivenöl

ZUBEREITUNG:

1 Den Grill (mit Deckel, etwa 180 °C) für mittlere direkte/indirekte Hitze vorbereiten.

2 Für die Knödel die Brezen klein schneiden und in eine Schüssel geben. Die Zwiebel schälen und in feine Würfel schneiden. Den Speck in Würfel schneiden. Zwiebel und Speck in eine Aluschale oder ein Grill-Kochgeschirr geben und bei direkter Hitze mit geschlossenem Deckel angrillen. Mit der Milch ablöschen und über die Brezen gießen.

3 Die Pilze putzen und, falls nötig, trocken abreiben. Mit Salz und Pfeffer würzen. Den Grillrost mit Öl einfetten und die Pilze mit geschlossenem Deckel 3 bis 4 Minuten grillen. Die Petersilie waschen und trocken schütteln, die Blätter abzupfen und fein schneiden. Die Pilze grob würfeln und mit der Petersilie und den Eigelben zu den Brezen geben. Alles gut mischen und kräftig mit Salz und Pfeffer würzen. Die Masse zuerst mithilfe von Backpapier zu einer Rolle formen und diese Rolle in Alufolie wickeln. Die Enden eindrehen. Die Knödelrolle bei indirekter Hitze mit geschlossenem Deckel 20 bis 25 Minuten grillen.

4 Für die Vinaigrette die Tomaten kreuzweise einritzen, überbrühen, häuten, vierteln, entkernen und in kleine Würfel schneiden. Die Schalotten schälen und in feine Würfel schneiden, die getrockneten Tomaten fein schneiden. Die Petersilie waschen und trocken schütteln, die Blätter abzupfen und fein schneiden. Alle Zutaten mit Essig, Honig und Olivenöl verrühren und mit Salz und Pfeffer würzen.

5 Den fertigen Brezenknödel auspacken, in Scheiben schneiden, nach Belieben nochmals kurz auf dem Rost grillen und mit der Tomatenvinaigrette servieren.

RATATOUILLE VOM GRILL MIT TOMATENSUGO

ZUTATEN:

Für das Sugo:
- 3 Schalotten
- 4 junge Knoblauchzehen
- 3 EL Olivenöl
- 2 EL Tomatenmark
- 1 EL Honig
- 400 ml passierte Tomaten (aus dem Tetrapak)
- Salz
- Chili aus der Mühle
- je ½ Bund Thymian und Rosmarin
- 250 g Cocktailtomaten

Für das Ratatouille:
- 1 rote Zwiebel
- 1 rote Paprikaschote
- 1 gelbe Zucchini
- 1 grüne Zucchini
- 1 kleine Aubergine
- 100 ml Olivenöl
- je ½ Bund Thymian und Rosmarin
- Salz
- Pfeffer aus der Mühle

Außerdem:
- 50 g gehobelter Parmesan
- 1 Handvoll Rucola
- 4 Stiele Basilikum

ZUBEREITUNG:

1 Den Grill (mit Deckel, etwa 180 °C) für mittlere direkte Hitze vorbereiten.

2 Für das Sugo die Schalotten und den Knoblauch schälen und in feine Würfel schneiden. Das Olivenöl in einer Aluschale oder in einem Grill-Kochgeschirr erhitzen. Schalotten und Knoblauch darin bei direkter Hitze mit geschlossenem Deckel angrillen. Das Tomatenmark und den Honig dazugeben und leicht anrösten. Die passierten Tomaten dazugießen, die Mischung mit Salz und Chili würzen und auf die Hälfte einkochen. Die Kräuter waschen und trocken schütteln, die Blätter bzw. Nadeln abzupfen und fein schneiden. Die Cocktailtomaten waschen und halbieren.

3 Für das Ratatouille die Zwiebel schälen und in Spalten schneiden. Die Paprikaschote längs vierteln, mit dem Sparschäler schälen und entkernen. Die Zucchini und die Aubergine putzen, waschen und in fingerdicke Scheiben schneiden. Die Gemüse mit dem Olivenöl benetzen. Die Kräuter waschen und trocken schütteln, die Blätter bzw. Nadeln abzupfen, fein schneiden und unter das Gemüse mischen. Mit Salz und Pfeffer würzen.

4 Die Gemüsemischung bei direkter Hitze offen auf beiden Seiten grillen, bis sich ein Muster abzeichnet.

5 Die Kräuter und die Tomaten unter das Sugo rühren, vom Grill nehmen. Das Gemüse abwechselnd daraufschichten und mit dem Parmesan bestreuen. Etwa weitere 5 Minuten mit geschlossenem Deckel grillen. Rucola und Basilikum waschen, ggf. verlesen und trocken schütteln. Auf dem Ratatouille verteilen. Nach Belieben mit Olivenöl, Salz und Pfeffer verfeinern.

BUNTE KARTOFFELSPIESSE IM SCHINKENMANTEL

ZUTATEN:

Für die Spieße:
- 8 kleine Kartoffeln
- 8 kleine lila Kartoffeln
- Salz
- Pfeffer aus der Mühle
- 8 Scheiben luftgetrockneter Schinken
- 2 rote Zwiebeln
- 8 Champignons
- 4 Metallspieße
- Öl für den Grillrost

Außerdem:
- 1 Rezept 7-Kräuter-Pesto (siehe S. 28)

ZUBEREITUNG:

1 Den Grill (mit Deckel, etwa 200 °C) für mittlere bis hohe direkte/indirekte Hitze vorbereiten.

2 Die Kartoffeln schälen und waschen, mit Salz und Pfeffer würzen und nach Sorten getrennt in Alufolie einwickeln. Bei indirekter Hitze mit geschlossenem Deckel 35 bis 45 Minuten grillen.

3 Die Schinkenscheiben längs halbieren. Die Zwiebeln schälen und in Spalten schneiden. Die Champignons putzen und, falls nötig, trocken abreiben.

4 Die Kartoffeln auswickeln und leicht ausdampfen lassen. Dann jede Kartoffel in 1 Scheibe Schinken wickeln. Kartoffeln, Zwiebelspalten und Champignons abwechselnd auf die Metallspieße stecken und mit Salz und Pfeffer würzen.

5 Den Grillrost mit Öl einfetten und die Spieße bei direkter Hitze mit geschlossenem Deckel knusprig grillen. Zum Servieren mit dem 7-Kräuter-Pesto bestreichen.

TIPP:

Probieren Sie die Spieße statt mit Kartoffeln einmal mit Süßkartoffeln. Im Herbst und Winter schmeckt das Rezept auch fein mit Topinambur.

OLIVEN-FOCACCIA MIT GEGRILLTEM GEMÜSE

ZUTATEN:

Für die Focaccia:

- ½ **Würfel Hefe (21 g)**
- **Zucker**
- **400 g Mehl**
- **200 g grüne und schwarze Oliven** (entsteint)
- **100 g getrocknete Tomaten (in Öl)**
- **je ½ Bund Thymian und Rosmarin**
- **Mehl zum Bestäuben**
- **Olivenöl zum Benetzen**
- **Chiliflocken zum Bestreuen**

Für das Gemüse:

- **1 kleine gelbe Zucchini**
- **1 kleine grüne Zucchini**
- **1 kleine Aubergine**
- **Salz**
- **Pfeffer aus der Mühle**
- **Olivenöl zum Benetzen**
- **12 Cocktailtomaten**
- **50 g feiner Wildkräutersalat**
- **50 g gehobelter Parmesan**

ZUBEREITUNG:

1 Für die Focaccia die Hefe zerbröckeln und mit 1 Prise Zucker in ¼ l lauwarmem Wasser auflösen. Mehl dazusieben, alles zu einem geschmeidigen Teig kneten. Zugedeckt an einem warmen Ort 25 bis 30 Minuten gehen lassen.

2 Die Oliven abtropfen lassen und halbieren. Die Tomaten abtropfen lassen und klein schneiden. Die Kräuter waschen und trocken schütteln, die Blättchen bzw. Nadeln abzupfen und fein schneiden.

3 Den Grill (mit Deckel, etwa 200 °C) für mittlere direkte/indirekte Hitze vorbereiten.

4 Die Oliven, die getrockneten Tomaten und die Kräuter unter den Teig rühren. Den Teig zu einem flachen Fladen formen und zugedeckt noch einmal etwa 20 Minuten gehen lassen.

5 Für das Gemüse Zucchini und Aubergine putzen, waschen und in Scheiben schneiden. Mischen, mit Salz und Pfeffer würzen und mit Olivenöl benetzen. Die Cocktailtomaten waschen und in einer Aluschale bei direkter Hitze mit geschlossenem Deckel 2 bis 3 Minuten grillen. Zucchini- und Auberginenscheiben auf dem Rost bei direkter Hitze mit geschlossenem Deckel 2 bis 3 Minuten grillen. Vierteln.

6 Einen Pizzastein oder doppelt gelegte Alufolie mit Mehl bestäuben. Den Teigfladen mit Öl benetzen und mit Chili bestreuen. Auf dem Grill bei indirekter Hitze mit geschlossenem Deckel 30 bis 35 Minuten grillen.

7 Den Wildkräutersalat waschen und trocken tupfen. Geviertelte Gemüsescheiben und Tomaten auf der Focaccia verteilen, Wildkräutersalat und Parmesan daraufstreuen.

SPICY BEANS & BACON MIT MAISBROT

ZUTATEN:

Für das Maisbrot:

- 2 rote Peperoni
- 30 g Zucker
- Salz
- 350 ml Milch
- 150 g Mehl
- 200 g Maismehl
- 1 TL Backpulver
- 2 EL Erdnussöl
- 1 Eigelb
- 2 EL Milch
- Mehl zum Bestäuben

Für die Spicy Beans & Bacon:

- 500 g weiße Bohnen (aus der Dose)
- 2 rote Zwiebeln
- 4 junge Knoblauchzehen
- 3 rote Peperoni
- 200 g Frühstücksspeck
- 100 g getrocknete Tomaten (in Öl)
- 50 g Butter
- 1 EL Paprikapulver (rosenscharf)
- 1 TL Cayennepfeffer
- 200 ml Gemüsefond
- 200 ml Tomatensaft
- 350 g passierte Tomaten
  (aus dem Tetrapak)
- 100 ml Honig
- Salz
- 50 g gemischte Kräuter (z. B. Thymian, Petersilie)

ZUBEREITUNG:

1. Für das Maisbrot die Peperoni längs halbieren, entkernen, waschen und klein schneiden. Den Zucker, ½ TL Salz und die Milch verrühren, bis der Zucker sich aufgelöst hat. Mehl, Maismehl und Backpulver mischen. Die Peperoni und das Öl dazugeben und alles zu einem geschmeidigen Teig verarbeiten. Den Teig zu einem Fladen formen und etwa 20 Minuten ruhen lassen. Das Eigelb mit der Milch verrühren und den Fladen damit bestreichen.

2. Den Grill (mit Deckel, etwa 180 °C) für mittlere direkte/indirekte Hitze vorbereiten.

3. Einen Pizzastein oder doppelt gelegte Alufolie mit Mehl bestäuben. Das Maisbrot darauflegen und bei indirekter Hitze mit geschlossenem Deckel 25 bis 30 Minuten Hitze grillen.

4. Für die Beans & Bacon die weißen Bohnen auf einem Sieb abbrausen und abtropfen lassen. Zwiebeln und Knoblauch schälen und in feine Würfel schneiden. Peperoni längs halbieren, entkernen, waschen und klein schneiden. Speck und getrocknete Tomaten ebenfalls klein schneiden.

5. Die Butter in einer Aluschale oder einem Grill-Kochgeschirr zerlassen. Zwiebeln, Knoblauch, Peperoni und Speck kräftig darin anbraten. Die Bohnen und die getrockneten Tomaten hinzufügen. Mit Paprika und Cayennepfeffer würzen und mit dem Fond ablöschen. Den Tomatensaft, die passierten Tomaten und den Honig dazugeben und salzen.

6. Die Spicy Beans & Bacon etwa 15 Minuten grillen, dabei gelegentlich umrühren. Kräuter waschen und trocken schütteln, Blätter abzupfen, klein schneiden und unter die Bohnen rühren. Mit dem Maisbrot servieren.

SWEET-CHILI-LACHS VON DER PLANKE MIT HEIDELBEERLACK

ZUTATEN:

- 1 Lachsseite mit Haut (ca. 1 kg; küchenfertig)
- 1 Rezept Sweet-Chili-Rub (siehe S. 21)
- 1 Rezept Heidelbeerlack (siehe S. 24)
- 1 gewässertes Zedernholzbrett

ZUBEREITUNG:

1. Die Lachsseite waschen und trocken tupfen, evtl. vorhandene Gräten mit einer Pinzette herausziehen. Den Lachs mit dem Sweet-Chili-Rub einreiben und zugedeckt mindestens 30 Minuten bei Zimmertemperatur marinieren. Am besten aber zugedeckt über Nacht im Kühlschrank marinieren.

2. Den Grill (mit Deckel, etwa 200 °C) für mittlere bis hohe direkte/indirekte Hitze vorbereiten.

3. Den Heidelbeerlack in einem Grill-Kochgeschirr bei direkter Hitze mit geschlossenem Deckel sirupartig einkochen.

4. Das Zedernholzbrett bei direkter hoher Hitze mit geschlossenem Deckel zum Rauchen bringen.

5. Sobald sich dichter Rauch entwickelt, den Lachs auf das Brett legen und das Brett von der direkten Hitze wegnehmen. Die Hitze reduzieren. (Beim Holzkohlegrill die Lüftung schließen, ggf. Briketts oder Kohle herausnehmen.)

6. Den Lachs bei 140 bis 160 °C mit indirekter Hitze und geschlossenem Deckel je nach Geschmack 10 bis 15 Minuten räuchern. Falls nötig, das Holzbrett erneut über direkter Hitze zum Rauchen bringen. Den Lachs nach und nach mit dem Lack einpinseln, bis dieser aufgebraucht ist.

TIPP:

Je nach Saison können auch Cranberrys, Johannisbeeren oder Rosinen anstelle der Heidelbeeren für den Lack verwendet werden.

GEGRILLTER PULPO MIT CHORIZO UND BULGUR

ZUTATEN:

Für den Pulpo:

- 500 g Pulpo (küchenfertig; ohne Kauwerkzeug und Innereien)
- 2 Zwiebeln
- 4 Knoblauchzehen
- 50 g Ingwer
- 2 rote Peperoni
- 200 g Chorizo (span. Paprikawurst; am Stück)
- ½ Bund Petersilie
- 4 EL Olivenöl
- Meersalz
- Saft von 1 Bio-Limette

Für den Bulgur:

- 2 rote Peperoni
- 300 ml Gemüsefond
- 150 g Instant-Bulgur
- 1 kleine Salatgurke
- je 1 rote, gelbe und grüne Paprikaschote
- 12 Cocktailtomaten
- 50 g gemischte Kräuter (z. B. Koriander, Minze)
- Zesten und Saft von 2 Bio-Limetten
- 4 EL Olivenöl
- Salz
- Cayennepfeffer

ZUBEREITUNG:

1 Den Grill (mit Deckel, etwa 180 °C) für mittlere direkte Hitze vorbereiten.

2 Den Pulpo kalt abbrausen und trocken tupfen, dann grob in Stücke schneiden. Die Zwiebeln, den Knoblauch und den Ingwer schälen und in feine Würfel schneiden. Die Peperoni längs halbieren, entkernen, waschen und in Stücke schneiden. Die Chorizo in dicke Scheiben schneiden. Die Petersilie waschen und trocken schütteln, die Blätter abzupfen und fein schneiden.

3 Das Olivenöl in einer Aluschale oder einem Grill-Kochgeschirr erhitzen. Die Chorizo darin bei direkter Hitze mit geschlossenem Deckel knusprig grillen. Zwiebeln, Knoblauch, Ingwer und Peperoni untermischen. Den Pulpo dazugeben, salzen und bei direkter Hitze mit geschlossenem Deckel 15 bis 20 Minuten grillen. Mit dem Limettensaft verfeinern.

4 Für den Bulgur die Peperoni längs halbieren, entkernen, waschen und klein schneiden. Mit dem Fond in einer Aluschale oder einem Grill-Kochgeschirr bei direkter Hitze mit geschlossenem Deckel zum Kochen bringen. Bulgur dazugeben, aufkochen und zugedeckt ohne Hitze 5 bis 7 Minuten quellen lassen, ab und zu mit einer Gabel auflockern.

5 Die Gurke waschen und in feine Würfel schneiden. Die Paprikaschoten längs halbieren, entkernen, mit dem Sparschäler schälen und ebenfalls in Würfel schneiden. Die Cocktailtomaten waschen und halbieren. Die Kräuter waschen und trocken schütteln, die Blätter abzupfen und fein schneiden. Alle vorbereiteten Zutaten, die Limettenzesten, den Limettensaft und das Olivenöl mit dem Bulgur mischen. Mit Salz und Cayennepfeffer würzen. Zum Pulpo servieren.

GEGRILLTE SARDINEN MIT PEPERONATA

ZUTATEN:

Für die Peperonata:

- 2 Zwiebeln
- 2 rote Paprikaschoten
- 1 gelbe Paprikaschote
- 4 Tomaten
- 4 EL Olivenöl
- 1 EL Butter
- 2 EL Tomatenmark
- 1 EL Honig
- Salz
- Pfeffer aus der Mühle
- 400 ml stückige Tomaten
- ½ Bund krause Petersilie

Für die Sardinen:

- 12 mittelgroße Sardinen (küchenfertig)
- 12 gewässerte Holzspieße
- Salz
- Pfeffer aus der Mühle
- 2 EL Olivenöl

ZUBEREITUNG:

1 Den Grill (mit Deckel, etwa 200 °C) für mittlere bis hohe direkte Hitze vorbereiten.

2 Für die Peperonata die Zwiebeln schälen und in feine Würfel schneiden. Die Paprikaschoten längs halbieren, entkernen, waschen und in Würfel schneiden. Die Tomaten waschen und vierteln, dabei die Stielansätze entfernen. Tomatenviertel ebenfalls in Würfel schneiden.

3 Das Olivenöl und die Butter in einer Aluschale oder einem Grill-Kochgeschirr erhitzen. Zwiebeln, Paprika und Tomaten darin bei direkter Hitze offen 4 bis 5 Minuten angrillen. Das Tomatenmark und den Honig dazugeben, mit Salz und Pfeffer würzen. Das Gemüse mit geschlossenem Deckel 5 bis 10 Minuten grillen.

4 Für die Sardinen die Fische waschen und trocken tupfen. Der Länge nach auf die Holzspieße stecken, mit Salz und Pfeffer würzen und mit dem Olivenöl bestreichen. Die Sardinen bei direkter Hitze mit geschlossenem Deckel auf jeder Seite 3 bis 4 Minuten grillen.

5 Die stückigen Tomaten unter das Paprikagemüse mischen, aufkochen lassen und mit Salz und Pfeffer würzen. Die Petersilie waschen und trocken schütteln, die Blätter abzupfen und grob schneiden. Die Sardinen am Spieß auf der Peperonata anrichten, die Petersilie darüberstreuen.

TIPP:

Ein echter Hingucker: Servieren Sie die Sardinen mit Peperonata doch zur Abwechslung einmal in gut gesäuberten Fischkonservendosen.

MEERESFRÜCHTE-PAELLA

 4 PORT.

ZUTATEN:

- 200 g gemischte Muscheln (z. B. Venusmuscheln, Miesmuscheln)
- 4 Riesengarnelen (ohne Kopf, geschält)
- 100 g Kalamaretti (küchenfertig)
- 400 g Fischfilet (z.B. Kabeljau, Dorade, Saibling, Lachs)
- 4 Schalotten
- 4 Knoblauchzehen
- 50 ml Olivenöl
- 250 g Paella-Reis
- 1 Tütchen Safranpulver (0,2 g)
- Salz
- Cayennepfeffer
- 50 ml Noilly Prat (franz. Wermut)
- 50 ml Weißwein
- 600 ml Fischfond
- 1 rote Paprikaschote
- 1 grüne Zucchini
- 100 g Zuckerschoten
- 12 Cocktailtomaten
- 4 Stangen zarter Lauch
- 100 g junge Erbsen
- 4 Jakobsmuscheln (küchenfertig)
- Öl für den Grillrost
- 1 Rezept Aioli (siehe S. 28)

ZUBEREITUNG:

1 Den Grill (mit Deckel, etwa 200 °C) für mittlere bis hohe direkte Hitze vorbereiten.

2 Die Muscheln unter fließendem kaltem Wasser gründlich säubern. Geöffnete Muscheln aussortieren. Die Riesengarnelen am Rücken entlang einschneiden und den Darm entfernen. Garnelen abbrausen und abtropfen lassen. Die Kalamaretti und das Fischfilet waschen, trocken tupfen und in mundgerechte Stücke schneiden.

3 Schalotten und Knoblauch schälen und in feine Würfel schneiden. Eine Paellapfanne oder ein Grill-Kochgeschirr mit geschlossenem Deckel erhitzen. Das Olivenöl hineingeben, Schalotten und Knoblauch darin andünsten. Kalamaretti hinzufügen. Reis sowie Safran, Salz und Cayennepfeffer dazugeben und kurz anrösten. Mit Wermut und Wein ablöschen. Die Hälfte des Fonds dazugießen und alles mit geschlossenem Deckel etwa 10 Minuten garen.

4 Die Paprikaschote längs halbieren, entkernen, mit dem Sparschäler schälen und in Würfel schneiden. Zucchini putzen, waschen und ebenfalls in Würfel schneiden. Zuckerschoten und Tomaten waschen und halbieren. Lauch putzen, waschen und in Ringe schneiden. Den übrigen Fond zum Reis gießen. Muscheln, Garnelen, vorbereitete Gemüse und Erbsen auf der Paella verteilen, mit geschlossenem Deckel weitere 5 Minuten garen.

5 Die Jakobsmuscheln mit Salz und Cayennepfeffer würzen. Den Grillrost mit Öl einfetten und die Jakobsmuscheln bei direkter Hitze mit geschlossenem Deckel 1 bis 2 Minuten grillen, bis sich ein Muster abzeichnet. Die Fischstücke und die Jakobsmuscheln auf der Paella verteilen und alles weitere 5 Minuten fertig garen. Mit der Aioli servieren.

GERÄUCHERTE ENTENBRUST À LA BELLINI

ZUTATEN:

- 4 Entenbrustfilets (à ca. 250 g)
- Salz
- Pfeffer aus der Mühle
- Öl für den Grillrost
- 1 Handvoll gewässerte Holzchips
- 1 Rezept Pfirsich-Bellini-Mop
  (siehe S. 25)

ZUBEREITUNG:

1 Den Grill (mit Deckel, etwa 160 °C) für niedrige bis mittlere indirekte Hitze vorbereiten.

2 Die Entenbrustfilets waschen und trocken tupfen. Die Haut samt der darunterliegenden Fettschicht einschneiden und mit Salz und Pfeffer würzen.

3 Den Grillrost mit Öl einfetten und die Entenbrustfilets mit der Hautseite darauflegen. Die Holzchips direkt auf die Glut geben und die Entenbrustfilets mit geschlossenem Deckel je nach Geschmack 15 bis 20 Minuten räuchern. (Beim Gasgrill die Chips in die Räucherbox geben und auf höchster Stufe entzünden. Sobald sich dichter Rauch entwickelt, das Gas zurückdrehen, den Grill ggf. ausschalten und die Entenbrustfilets räuchern.)

4 Die Entenbrustfilets immer wieder mit dem Pfirsich-Bellini-Mop einpinseln, bis dieser aufgebraucht ist. Anschließend ohne Hitze etwa 5 Minuten ruhen lassen, dann erst servieren. Die optimale Kerntemperatur für zart-rosa Entenbrustfilet beträgt 62 bis 65 °C.

TIPP:

Ich nehme am liebsten weibliche Entenbrustfilets von der Barbarie-Ente, da diese zarter und saftiger sind als die der männlichen Tiere. Durch das Einschneiden der Fettschicht kann überschüssiges Fett ablaufen und die Oberfläche wird schön knusprig.

BBQ-PIZZA MIT GEGRILLTEM FLAT-IRON-STEAK

 4 PORT.

ZUTATEN:

Für die Pizza:
- 1 Rolle fertiger Pizzateig (aus dem Kühlregal)
- 1 Rezept Crispy-BBQ-Sauce (siehe S. 28)
- 1 rote Zwiebel
- 12 Cocktailtomaten
- 100 g geriebener Cheddar
- Mehl zum Bestäuben
- 1 Handvoll Rucola
- Zesten und Saft von 1 Bio-Orange
- 4 EL Olivenöl
- Salz
- Pfeffer aus der Mühle

Für das Steak:
- 600 g Flat-Iron-Steak (siehe Tipp)
- Salz
- Öl für den Grillrost
- Pfeffer aus der Mühle

ZUBEREITUNG:

1. Den Grill (mit Deckel, etwa 200 °C) für mittlere bis hohe direkte/indirekte Hitze vorbereiten.

2. Für die Pizza den Pizzateig entrollen und gleichmäßig mit der Crispy-BBQ-Sauce bestreichen. Die Zwiebel schälen und in Ringe schneiden. Die Tomaten waschen und halbieren. Die Pizza mit Zwiebelringen und Tomatenhälften belegen und gleichmäßig mit dem Käse bestreuen. Einen Pizzastein oder doppelt gelegte Alufolie mit Mehl bestäuben und die Pizza darauflegen.

3. Für das Steak das Fleisch mit Salz würzen. Den Grillrost mit Öl einfetten und das Steak 1 bis 2 Minuten auf jeder Seite grillen, bis sich ein Muster abzeichnet.

4. Die Pizza bei direkter Hitze mit geschlossenem Deckel 6 bis 8 Minuten grillen. Das Steak mit Pfeffer würzen, bei indirekter Hitze 3 bis 4 Minuten fertig grillen und dann 5 Minuten ohne Hitze ruhen lassen.

5. Den Rucola verlesen, waschen und trocken schütteln, grobe Stiele entfernen. Rucola mit den Orangenzesten, dem Orangensaft und dem Olivenöl vermischen, mit Salz und Pfeffer würzen und auf die Pizza streuen. Das Steak in dünne Scheiben schneiden, mit Pfeffer würzen und auf der Pizza verteilen.

TIPP:

Das Flat-Iron-Steak (auch Flank Steak) ist ein dünnes Schulterstück vom Rind, das sich hervorragend zum Kurzgrillen eignet.

HOCHRIPPE AUF ASIA-ART MIT FLEUR DE SEL

ZUTATEN:

- 2 ½ –3 kg Hochrippe (ohne Knochen; siehe Tipp)
- 1 Rezept Basis-Rub (siehe S. 20)
- Öl für den Grillrost
- 1 Rezept Hoisin-Ingwer-Lack (siehe S. 24)
- Fleur de Sel

ZUBEREITUNG:

1 Die Hochrippe rundum gründlich mit dem Basis-Rub einreiben und zugedeckt mindestens 30 Minuten bei Zimmertemperatur, am besten aber zugedeckt über Nacht im Kühlschrank marinieren.

2 Den Grill (mit Deckel, etwa 200 °C) für mittlere bis hohe direkte/indirekte Hitze vorbereiten. Den Grillrost mit Öl einfetten und die Hochrippe bei direkter Hitze mit geschlossenem Deckel rundum grillen, bis sich ein Muster abzeichnet.

3 Die Hitze etwas reduzieren. (Beim Holzkohlegrill die Lüftung schließen oder die Briketts bzw. Kohle herausnehmen.) Die Hochrippe bei niedriger bis mittlerer indirekter Hitze (etwa 160 °C) mit geschlossenem Deckel 1 bis 1 ½ Stunden grillen.

4 Das Fleisch zwischendurch wenden und nach und nach mit dem Hoisin-Ingwer-Lack einstreichen, bis dieser aufgebraucht ist. Zum Schluss mindestens 20 Minuten ohne Hitze ruhen lassen.

5 Die Hochrippe zum Servieren mit Fleur de Sel verfeinern. Die optimale Kerntemperatur für eine medium gegarte Hochrippe beträgt 58 bis 61 °C.

TIPP:

Bei der Hochrippe empfehle ich, trocken gereiftes Fleisch („dry aged") zu verwenden. Eines der besten kommt aus den USA. Auch sehr gut ist das Fleisch von Simmentaler und Pommerschen Rindern.

GEGRILLTE KALBSBRUST MIT CAJUN-RUB UND PFLAUMEN-MOP

ZUTATEN:

- 1 kg Kalbsbrust
- 1 Rezept Cajun-Rub (siehe S. 20)
- Öl für den Grillrost
- 1 Rezept Pflaumen-Mop
  (siehe S. 25)
- 2–3 Handvoll gewässerte Holzchips

ZUBEREITUNG:

1 Die Kalbsbrust nur vom festen Fett befreien (siehe Tipp) und rundum mit dem Cajun-Rub einreiben. Zugedeckt mindestens 30 Minuten bei Zimmertemperatur, am besten aber über Nacht zugedeckt im Kühlschrank marinieren.

2 Den Grill (mit Deckel, etwa 180 °C) für mittlere indirekte Hitze vorbereiten. Den Grillrost mit Öl einfetten und die Kalbsbrust bei indirekter Hitze mit geschlossenem Deckel 2 bis 2 ½ Stunden grillen. Das Fleisch dabei nach und nach mit dem Pflaumen-Mop bestreichen, bis dieser aufgebraucht ist.

3 Die gewässerten Holzchips zwischendurch direkt auf die Glut geben und die Kalbsbrust räuchern. (Beim Gasgrill die Chips in die Räucherbox geben und auf höchster Stufe entzünden. Sobald sich dichter Rauch entwickelt, das Gas zurückdrehen, den Grill ggf. ausschalten und das Fleisch räuchern). Die optimale Kerntemperatur für die Kalbsbrust beträgt 75 bis 78 °C.

TIPP:

Entfernen Sie bei der Kalbsbrust nur das feste Fett. Das dünnere, weichere Fett muss für die Zubereitung auf dem Grill dranbleiben, damit das Fleisch nicht austrocknet und schön saftig bleibt.

PORTERHOUSE STEAK „CHERRY STYLE"

ZUTATEN:

- 2 Porterhouse Steaks (800 g – 1 kg)
- 1 Rezept Vanille-Rub (siehe S. 21)
- Öl für den Grillrost
- 1 Rezept Kirschlack (siehe S. 24)

ZUBEREITUNG:

1 Die Steaks mit dem Vanille-Rub einreiben und zugedeckt mindestens 30 Minuten bei Zimmertemperatur, am besten aber über Nacht zugedeckt im Kühlschrank marinieren.

2 Den Grill (mit Deckel, etwa 200 °C) für hohe direkte/indirekte Hitze vorbereiten. Den Grillrost mit Öl einfetten und die Steaks bei direkter Hitze mit geschlossenem Deckel auf jeder Seite 2 bis 3 Minuten grillen, bis sich ein Muster abzeichnet. Danach weitere 6 bis 8 Minuten bei indirekter Hitze grillen. Dabei nach und nach mit dem Kirschlack einpinseln, bis dieser aufgebraucht ist.

3 Die Steaks zum Schluss 5 bis 6 Minuten ohne Hitze ruhen lassen. Die optimale Kerntemperatur für das Porterhouse Steak beträgt 54 bis 57 °C.

TIPP:

Achten Sie beim Einkauf auf schön marmoriertes (mit Fett durchzogenes) Fleisch. Umso stärker marmoriert ein Stück Fleisch ist, desto langsamer ist das Tier gewachsen und umso höher ist die Fleischqualität. Der Fettrand sollte – wenn überhaupt – erst nach dem Grillen entfernt werden. Das Fett sorgt nämlich für ein besonders ausgewogenes Aroma.

AMERICAN BEEF BURGER

ZUTATEN:

- 600 g Rinderhackfleisch
- Salz
- 1 rote Zwiebel
- 2 Tomaten
- einige Blätter Romanasalat
- 1 Handvoll Rucola
- Öl für den Grillrost
- 4 Burgerbrötchen (Buns)
- 1 Rezept Mojo verde (siehe S. 50)
- 4 Scheiben Cheddar
- 50 g Nachos (Fertigprodukt)
- Pfeffer aus der Mühle
- 1 Rezept Crispy-BBQ-Sauce
  (siehe S. 28)

ZUBEREITUNG:

1 Den Grill (mit Deckel, etwa 200 °C) für mittlere bis hohe direkte Hitze vorbereiten.

2 Das Hackfleisch mit Salz würzen und zu 4 gleich großen Pattys formen. Die Zwiebel schälen und in Ringe schneiden. Die Tomaten waschen und in dünne Scheiben schneiden. Romanasalatblätter und den Rucola putzen, waschen und trocken schütteln. Große Blätter etwas kleiner zupfen.

3 Den Grillrost mit Öl einfetten und die Hackfleischpattys bei direkter Hitze mit geschlossenem Deckel 2 bis 3 Minuten auf jeder Seite grillen. Die Burgerbrötchen waagerecht halbieren und die Schnittflächen bei direkter Hitze 1 bis 2 Minuten auf Sicht grillen.

4 Die Mojo verde auf den unteren Brötchenhälften verstreichen. Salat- und Rucolablätter, Tomatenscheiben, Zwiebelringe, Pattys, Käsescheiben und Nachos in gewünschter Reihenfolge daraufschichten. Mit Pfeffer würzen. Die Crispy-BBQ-Sauce entweder auf den oberen Brötchenhälften oder auf den Fleisch-Pattys verstreichen. Die oberen Brötchenhälften auflegen.

MACADAMIANUSS-BLINI MIT APRIKOSENKOMPOTT

ZUTATEN:

Für die Blini:
- 100 ml Milch
- ½ Würfel Hefe (21 g)
- 3 Eier
- 140 g Zucker
- 200 g Mehl
- 4 EL gesalzene Macadamianüsse
- 200 g Heidelbeeren
- 3–4 EL Pflanzenfett

Für das Kompott:
- 100 g getrocknete Aprikosen
- 16 frische Aprikosen
- 4 EL Aprikosenkonfitüre
- Zesten und Saft von 1 Bio-Zitrone
- 4 cl Limoncello (ital. Zitronenlikör)

Außerdem:
- Puderzucker zum Bestäuben

ZUBEREITUNG:

1. Den Grill (mit Deckel, etwa 160 °C) für niedrige bis mittlere direkte/indirekte Hitze vorbereiten.

2. Für die Blini die Milch in einer Aluschale oder einem Grill-Kochgeschirr erwärmen. Die Hefe hineinbröckeln und auflösen. Die Eier trennen und die Eigelbe mit der Hälfte des Zuckers zur Milch geben. Alles gründlich verrühren.

3. Das Mehl nach und nach einrühren. Die Eiweiße dickschaumig aufschlagen, dabei den übrigen Zucker nach und nach einrieseln lassen. Den Eischnee vorsichtig unter den süßen Hefeteig heben und diesen zugedeckt an einem warmen Ort 20 bis 25 Minuten gehen lassen.

4. Für das Kompott die getrockneten Aprikosen in Würfel schneiden. Die frischen Aprikosen waschen, halbieren, entsteinen und in Spalten schneiden. Die Konfitüre in eine Aluschale oder ein Grill-Kochgeschirr geben. Bei direkter Hitze mit geschlossenem Deckel zum Kochen bringen. Alle Aprikosen, die Zitronenzesten und den Zitronensaft dazugeben und alles bei indirekter Hitze mit geschlossenem Deckel 10 bis 15 Minuten grillen. Zum Schluss mit dem Limoncello verfeinern.

5. Die Macadamianüsse hacken. Die Heidelbeeren verlesen, waschen und trocken tupfen. Das Pflanzenfett in einer Aluschale oder einem Grill-Kochgeschirr bei direkter Hitze erhitzen. Je 1 EL Teig hineingeben und mit gehackten Macadamianüssen und Heidelbeeren bestreuen. Den Teig auf Sicht auf jeder Seite 1 bis 2 Minuten grillen. Die Blini mit Puderzucker bestäuben und mit dem Aprikosenkompott servieren.

PIÑA-COLADA-BURGER MIT FRÜCHTEN

ZUTATEN:

- 1 Ananas
- 1 große Mango
- Öl für den Grillrost
- 4 cl Rum
- 50 g Kokosraspel
- 200 g Himbeeren
- 8 Physalis
- Zesten und Saft von 1 Bio-Limette
- 2 EL Honig
- 4 EL Amarenakirschen
- 50 g Kokoschips

ZUBEREITUNG:

1. Den Grill (mit Deckel, etwa 200 °C) für mittlere bis hohe direkte Hitze vorbereiten.

2. Die Ananas schälen und in 8 dicke Scheiben schneiden. Die Mango schälen und das Fruchtfleisch auf den flachen Seiten vom Stein und dann in 4 Scheiben schneiden.

3. Den Grillrost mit Öl einfetten und die Obstscheiben bei direkter Hitze mit geschlossenem Deckel auf beiden Seiten grillen, bis sich ein Muster abzeichnet. Mit dem Rum beträufeln und flambieren.

4. Die Kokosraspel auf einem Teller verteilen und die Ananasscheiben auf beiden Seiten darin wälzen. Die Mango in große Stücke schneiden.

5. Die Himbeeren und die Physalis verlesen, waschen und trocken tupfen. Die Limettenzesten mit dem Limettensaft und dem Honig verrühren und die Mangostücke, die Beeren und die Physalis damit marinieren.

6. Auf 4 Ananasscheiben je 1 EL Amarenakirschen, ¼ der Kokoschips und der marinierten Früchte schichten. Die übrigen Ananasscheiben darauflegen, ggf. mit Spießen fixieren.

TIPP:

Je nach Saison können Sie verschiedene Früchte für die süßen Burger verwenden. Gut eignen sich z. B. Pflaumen, Äpfel, Birnen, Pfirsiche, Aprikosen und Melonen.

MANDEL-HONIG-PAPILLOTE MIT GEGRILLTEN FEIGEN

ZUTATEN:

Für die Papillote:

- 300 g blanchierte Mandeln
- 3 EL Honig
- Zesten und Saft von 1 Bio-Limette
- 100 g Ziegenweichkäse
- 1 Portion Strudelteig (aus dem Kühlregal)
- 2 Eigelb
- 50 g zerlassene Butter
- Puderzucker zum Bestäuben

Für die Feigen:

- 6 Feigen
- Öl für den Grillrost
- 4 EL Honig

ZUBEREITUNG:

1 Den Grill (mit Deckel, etwa 200 °C) für mittlere bis hohe direkte/indirekte Hitze vorbereiten.

2 Für die Papillote die Mandeln mit der Küchenmaschine oder im Mörser mahlen, bis sie anfangen zu binden. Mit dem Honig, den Limettenzesten und dem Limettensaft mischen. Den Ziegenkäse in 12 Würfel schneiden. Die Mandelmasse zu 12 kleinen Bällchen formen, jeweils 1 Käsewürfel hineindrücken und den Mandelteig um den Würfel herum wieder rund formen.

3 Den Strudelteig auf der Arbeitsfläche ausbreiten und in 12 Quadrate (etwa 10 x 10 cm) schneiden. Jeweils in die Mitte 1 Bällchen setzen und die Teigränder mit verquirltem Eigelb bestreichen. Die Teigplatten zu Säckchen formen und mit der zerlassenen Butter bestreichen.

4 Die Papillote auf einen Pizzastein oder doppelt gelegte Alufolie setzen und bei indirekter Hitze mit geschlossenem Deckel 6 bis 8 Minuten goldbraun grillen.

5 Die Feigen waschen, trocken tupfen und halbieren. Den Grillrost mit Öl einfetten und die Feigenhälften bei direkter Hitze mit geschlossenem Deckel grillen, bis sich ein Muster abzeichnet. Mit dem Honig beträufeln. Die Papillote mit Puderzucker bestäuben und mit den Feigen servieren.

TIPP:

Die Mandel-Honig-Masse lässt sich vielseitig verwenden. Sie können auch Schokolade, Nugat oder Obst damit einhüllen. So haben Sie verschiedene Überraschungspäckchen, die Sie als kleines Dessert blitzschnell zubereiten und servieren können.

PFLAUMENTARTE

ZUTATEN:

Für den Teig:

- 12 g frische Hefe
- 80 g Vanillezucker
- 80 ml lauwarme Milch
- 170 g Mehl
- 1 Ei
- 50 g zimmerwarme Butter

Für den Belag:

- 8 Pflaumen
- zimmerwarme Butter zum Einfetten
- brauner Zucker zum Bestreuen
- 1 Msp. Zimtpulver
- 1 Msp. gemahlener Kardamom
- 2 cl guter Rum

Außerdem:

- Puderzucker zum Bestäuben

ZUBEREITUNG:

1 Für den Teig die zerbröckelte Hefe und den Vanillezucker in der lauwarmen Milch auflösen. Das Mehl, das Ei und die Butter dazugeben und alle Zutaten zu einem glatten Teig verkneten. Zugedeckt an einem warmen Ort 25 bis 30 Minuten gehen lassen.

2 Den Grill (mit Deckel, etwa 180 °C) für mittlere direkte/indirekte Hitze vorbereiten.

3 Für den Belag die Pflaumen waschen und trocken reiben. Halbieren, entsteinen und in dünne Spalten schneiden.

4 Eine spezielle Grillbackform oder eine runde Aluschale mit Butter bis zum Rand einpinseln und mit einem Stück Backpapier auslegen. Noch einmal mit Butter bis zum Rand einpinseln und überall mit braunem Zucker ausstreuen. Die Pflaumenspalten gleichmäßig darauf verteilen und mit Zimt und Kardamom bestäuben. Den Rum darüberträufeln.

5 Den Teig daraufgießen und die Tarte bei direkter Hitze mit geschlossenem Deckel 5 bis 10 Minuten grillen. Danach bei indirekter Hitze mit geschlossenem Deckel 10 bis 15 Minuten fertig grillen.

6 Die Tarte vorsichtig aus der Form lösen und umdrehen. Vor dem Servieren mit Puderzucker bestäuben.

TIPP:

Das Backpapier sorgt dafür, dass — selbst wenn die Pflaumen einmal zu stark karamellisiert sind — sie nicht an der Form oder Aluschale kleben bleiben. Durch die Feuchtigkeit der Pflaumen verbrennt das Backpapier nicht.

HERBST

KÜRBISSÜPPCHEN MIT RIESENGARNELEN

ZUTATEN:

Für die Suppe:

- 800 g Hokkaidokürbis
- 4 Schalotten
- 4 Knoblauchzehen
- 50 g Ingwer
- 1 rote Paprikaschote
- 1 rote Peperoni
- 4 EL Erdnussöl
- 1 EL Currypulver
- 1 TL gemahlener Koriander
- 1 Msp. gemahlener Kardamom
- 1 Msp. Zimtpulver
- 1 l Gemüsefond
- 200 ml ungesüßte Kokosmilch
- Salz
- Chili aus der Mühle
- Saft von 1 Bio-Limette

Für die Garnelen:

- 8 Riesengarnelen (mit Kopf und Schale)
- 8 gewässerte Holzspieße
- Öl für den Grillrost
- Salz
- Pfeffer aus der Mühle

ZUBEREITUNG:

1 Den Grill (mit Deckel, etwa 200 °C) für mittlere bis hohe direkte Hitze vorbereiten.

2 Für die Suppe den Kürbis waschen, halbieren, entkernen und in kleine Würfel schneiden. Schalotten, Knoblauch und Ingwer schälen und in feine Würfel schneiden. Paprikaschote und Peperoni längs halbieren, entkernen, waschen und in kleine Würfel schneiden.

3 Das Öl in einer Aluschale oder einem Grill-Kochgeschirr erhitzen und Schalotten, Knoblauch, Ingwer, Paprika und Peperoni darin angrillen. Den Kürbis dazugeben, kurz mitgrillen und mit den gemahlenen Gewürzen bestäuben. Den Fond dazugießen. Den Kürbis bei direkter Hitze mit geschlossenem Deckel 10 bis 15 Minuten grillen.

4 Die Kokosmilch dazugießen und die Suppe 5 bis 6 Minuten fertig garen. Mit Salz und Chili würzen und mit Limettensaft verfeinern.

5 Von den Garnelen den Kopf abdrehen. Die Garnelen am Rücken entlang nicht zu tief einschneiden und den Darm entfernen. Die Garnelen abbrausen, trocken tupfen und der Länge nach aufspießen. Den Grillrost mit Öl einfetten und die Garnelen bei direkter Hitze mit geschlossenem Deckel 2 bis 3 Minuten auf jeder Seite grillen. Mit Salz und Pfeffer würzen und zur Kürbissuppe servieren.

TIPP:

Sie können die Suppe vor dem Servieren noch mit gerösteten Erdnüssen und Koriandergrün bestreuen.

MUSCHELEINTOPF VOM GRILL

ZUTATEN:

Für die Einlage:

- 500 g Miesmuscheln (ohne Schale)
- 8 Garnelen (ohne Kopf, bis auf den Schwanzfächer geschält, entdarmt)
- 8 kleine Jakobsmuscheln (küchenfertig)
- Öl für den Grillrost

Für den Sud:

- 1 Zwiebel
- 4 Knoblauchzehen
- 2 rote Peperoni
- 25 g Kräuter der Provence (z. B. Rosmarin, Thymian, Lorbeer)
- Küchengarn zum Binden
- 1 kleine Fenchelknolle
- 400 g Wurzelgemüse (z. B. Möhren, Knollensellerie, Lauch)
- 100 g Cocktailtomaten
- 50 g getrocknete Tomaten (in Öl)
- 25 g gemischte Kräuter (z. B. Petersilie, Kerbel, Brunnenkresse)
- 4 EL Olivenöl
- 2 Döschen Safranfäden (à 0,1 g)
- Salz
- Pfeffer aus der Mühle
- 100 ml Weißwein
- 1 l Fisch- oder Gemüsefond
- Saft von 1 Limette

ZUBEREITUNG:

1 Den Grill (mit Deckel, etwa 200 °C) für mittlere bis hohe direkte Hitze vorbereiten.

2 Für die Einlage Miesmuscheln, Garnelen und Jakobsmuscheln waschen und trocken tupfen.

3 Für den Sud Zwiebel und Knoblauch schälen und in feine Würfel schneiden. Peperoni längs halbieren, entkernen, waschen und ebenfalls in feine Würfel schneiden. Kräuter der Provence mit Küchengarn binden. Fenchel putzen, waschen und halbieren, den harten Strunk entfernen und die Hälften in Würfel schneiden. Die Wurzelgemüse putzen, schälen bzw. waschen und in kleine Würfel schneiden. Die Tomaten waschen und halbieren. Die getrockneten Tomaten in Stücke schneiden. Die gemischten Kräuter waschen und trocken tupfen, die Blätter abzupfen und beiseitelegen.

4 Das Olivenöl in einer tiefen Aluschale oder einem Grill-Kochgeschirr bei direkter Hitze erhitzen und Zwiebel, Knoblauch, Peperoni, das Gewürzsträußchen und alle gewürfelten Gemüse darin mit geschlossenem Deckel 4 bis 5 Minuten angrillen. Die Miesmuscheln und den Safran dazugeben. Mit Salz und Pfeffer würzen, mit dem Wein ablöschen und den Fond dazugießen. Mit geschlossenem Deckel zum Kochen bringen und etwa 10 Minuten köcheln lassen. Das Gewürzsträußchen entfernen.

5 Die Garnelen und die Jakobsmuscheln mit Salz und Pfeffer würzen. Den Grillrost einölen und Garnelen und Jakobsmuscheln mit geschlossenem Deckel auf jeder Seite 2 bis 3 Minuten grillen. Cocktailtomaten, getrocknete Tomaten, Garnelen und Jakobsmuscheln zum Eintopf geben, mit Limettensaft abschmecken. Die Kräuter darüberstreuen.

SÜSSSCHARFER TOPINAMBUR-SALAT

  4 PORT.

ZUTATEN:

- 600 g große Topinambur
- Saft von 1 Zitrone
- Öl zum Bestreichen
- Salz
- Pfeffer aus der Mühle
- 1 kleiner Granatapfel
- 4 Stiele Petersilie
- 50 g feiner Feldsalat
- 3 EL Balsamico bianco
- Saft und Zesten von 1 Bio-Orange
- 2 EL Honig
- Chili aus der Mühle
- 6 EL Olivenöl

ZUBEREITUNG:

1 Den Grill (mit Deckel, etwa 200 °C) für hohe bis mittlere indirekte Hitze vorbereiten.

2 Die Topinambur schälen und sofort in eine Schüssel mit Wasser und Zitronensaft legen, damit sie nicht braun werden. Danach trocken tupfen, mit Öl bestreichen und mit Salz und Pfeffer würzen. Die Topinambur bei indirekter Hitze mit geschlossenem Deckel 15 bis 20 Minuten grillen. Vom Grill nehmen, in eine Schüssel geben und mit Frischhaltefolie bedecken. 10 Minuten ruhen lassen und dann in Stücke schneiden.

3 Die Kerne aus dem Granatapfel lösen. Die Petersilie waschen und trocken schütteln, die Blätter abzupfen und grob schneiden. Den Feldsalat verlesen, putzen, waschen und trocken schleudern.

4 Den Essig, den Orangensaft sowie die -zesten und den Honig verrühren. Kräftig mit Salz und Chili würzen und zum Schluss das Olivenöl unterschlagen. Topinambur, Granatapfelkerne, Petersilie und den Feldsalat in einer Schüssel mischen und die Vinaigrette darüber verteilen.

TIPP:

Topinambur wird auch als Erdartischocke bezeichnet. Das Gemüse enthält reichlich Vitamin C — besonders wichtig in der kalten Jahreszeit. Auch der Granatapfel liefert viel davon — dieser fix gemachte Salat ist somit eine wahre Vitaminbombe.

GEGRILLTER WEISSKRAUTSALAT MIT CRANBERRY-VINAIGRETTE

ZUTATEN:

- 1 kleiner Weißkohl (600–800 g)
- Öl zum Bestreichen
- Salz
- Zucker
- 1 rote Zwiebel
- 4 Stiele Petersilie
- 50 g Walnusskerne
- Zesten und Saft von 2 Bio-Orangen
- 100 g Soft-Cranberrys
- 1 EL Honig
- 3 EL Walnussöl
- Pfeffer aus der Mühle

ZUBEREITUNG:

1 Den Grill (mit Deckel, etwa 200 °C) für mittlere bis hohe direkte Hitze vorbereiten.

2 Vom Weißkohl die äußeren Blätter entfernen und den Kohl vierteln. Die Kohlviertel mit Öl bestreichen und mit Salz und Zucker würzen. Dann bei direkter Hitze mit geschlossenem Deckel auf beiden Seiten grillen, bis sich ein Muster abzeichnet.

3 Die Kohlviertel vom Grill nehmen, in eine Schüssel legen, mit Frischhaltefolie bedecken und etwa 10 Minuten ziehen lassen. Den harten Strunk herausschneiden und die Kohlviertel in Streifen schneiden.

4 Die Zwiebel schälen und in feine Würfel schneiden. Die Petersilie waschen und trocken schütteln, die Blätter abzupfen und grob schneiden. Die Walnüsse hacken. Zwiebel, Petersilie und Walnüsse mit den Orangenzesten und dem -saft, den Cranberrys, dem Honig und dem Walnussöl in einer großen Schüssel zu einer Vinaigrette verrühren. Mit Salz und Pfeffer würzen. Zum Schluss die Weißkrautstreifen untermischen.

TIPP:

Anstelle des Weißkohls können Sie auch Spitzkohl verwenden – er ist zart und sehr fein im Geschmack. Spitzkohl bekommen Sie von Mai bis Dezember.

VEGANE SAMOSAS MIT GEGRILLTEM CHINAKOHLSALAT

ZUTATEN:

Für die Samosas:

- 250 g Mehl
- ½ TL Backpulver
- 120 ml kohlensäurehaltiges Wasser
- je ½ gelbe und rote Paprikaschote
- 50 g frische Sojasprossen
- 50 g Bambussprossen (aus dem Glas, abgetropft)
- 8 Stiele Koriandergrün
- 6–8 Trockenpflaumen
- 2 Frühlingszwiebeln (in feinen Ringen)
- 1 Handvoll junger Spinat (gewaschen)
- Öl zum Braten
- Salz, Chili aus der Mühle
- 2 EL Orangenmarmelade
- abgeriebene Schale und Saft von 1 Bio-Limette
- Mehl für die Arbeitsfläche
- Erdnussöl zum Bestreichen

Für den Salat:

- 1 kleiner Chinakohl (600–800 g)
- Öl zum Bestreichen, Salz
- 1 Baby-Ananas
- Öl für den Grillrost
- 3 EL Reisessig
- 1 EL Agavendicksaft
- 100 ml Gemüsefond
- Chili aus der Mühle
- 4 EL Erdnussöl
- 50 g Wildkräutersalat
- einige Blätter heller Frisée
- 4 EL geröstete Erdnusskerne

ZUBEREITUNG:

1 Den Grill (mit Deckel, etwa 180 °C) für mittlere direkte Hitze vorbereiten.

2 Für die Samosas gesiebtes Mehl mit Backpulver und Wasser zu einem halbfesten Teig kneten. Zugedeckt etwa 30 Minuten ruhen lassen. Paprika entkernen, mit dem Sparschäler schälen und klein schneiden. Sojasprossen abbrausen und abtropfen lassen, mit den Bambussprossen klein schneiden. Koriander waschen, trocken schütteln und Blätter abzupfen. Trockenpflaumen würfeln. In einer Aluschale alle vorbereiteten Zutaten mit Frühlingszwiebeln und Spinat in etwas Öl bei direkter Hitze mit geschlossenem Deckel 5 bis 6 Minuten grillen. Mit Salz, Chili, Marmelade und Limettenschale sowie -saft abschmecken.

3 Den Teig auf der bemehlten Arbeitsfläche dünn ausrollen und 12 Kreise (à 6 bis 8 cm Durchmesser) ausstechen. Je 1 TL Füllung in die Mitte setzen, den Teig darüberschlagen, die Ränder andrücken. Teigtaschen mit Öl bestreichen.

4 Für den Salat Chinakohl putzen, vierteln, den Strunk herausschneiden, die Blätter ablösen, waschen und trocken schleudern. Mit Öl bestreichen und salzen. Ananas schälen, vierteln und den Strunk herausschneiden. Grillrost mit Öl einfetten, die Kohlblätter 1 bis 2 Minuten grillen, bis sich ein Muster abzeichnet. Ananas auf Sicht grillen, beides klein schneiden. Essig, Agavendicksaft und Fond mit Salz und Chili verrühren. Öl unterschlagen. Kohl, Ananas, Wildkräutersalat und Frisée mit der Vinaigrette mischen.

5 Samosas bei direkter Hitze mit geschlossenem Deckel auf jeder Seite 2 bis 3 Minuten grillen. Den Salat auf Teller verteilen, Samosas darauf anrichten. Mit Erdnüssen bestreuen.

ROTE-BETE-STECKRÜBEN-AUFLAUF

ZUTATEN:

- 500 g große Rote Beten
- 500 g Steckrüben
- 2 feste Äpfel
- 2 Zwiebeln
- 2 Knoblauchzehen
- 2 EL Honig
- 2 EL Orangenmarmelade
- ½ TL gemahlener Koriander
- Salz
- Pfeffer aus der Mühle
- 400 ml Gemüsefond
- Butter für die Form
- 100 g geriebener milder Cheddar

ZUBEREITUNG:

1 Den Grill (mit Deckel, etwa 200 °C) für mittlere direkte/indirekte Hitze vorbereiten.

2 Die Roten Beten und die Steckrüben schälen und in dünne Scheiben schneiden. Große Scheiben vierteln. Die Äpfel schälen, vierteln, entkernen und in Würfel schneiden. Die Zwiebeln und den Knoblauch schälen und in feine Würfel schneiden.

3 Den Honig und die Marmelade in eine Aluschale oder ein Grill-Kochgeschirr geben. Äpfel, Zwiebeln und Knoblauch darin bei direkter Hitze mit geschlossenem Deckel 5 bis 6 Minuten grillen. Mit Koriander, Salz und Pfeffer würzen. Ein Drittel des Fonds dazugeben und alles weitere 5 bis 6 Minuten mit geschlossenem Deckel grillen. Herausnehmen und beiseitestellen.

4 Die Ränder einer ofenfesten Form mit Butter einfetten und die Gemüsescheiben abwechselnd dachziegelartig einschichten. Die Apfel-Zwiebel-Mischung darauf verteilen. Mit dem Käse bestreuen und den restlichen Fond angießen. Den Auflauf bei indirekter Hitze mit geschlossenem Deckel 40 bis 45 Minuten grillen.

TIPP:

Besonders hübsch sieht der Auflauf aus, wenn Sie die Gemüsescheiben mit einem runden Ausstecher in Form bringen. Die Reststücke legen Sie einfach unten in die Form. Anstelle der Äpfel schmecken auch Birnen oder Süßkartoffeln.

KOHLRABI-LAUCH-GEMÜSE MIT SAFRANBUTTER

ZUTATEN:

Für das Gemüse:
- 800 g Kohlrabi
- 1 Stange Lauch
- Salz
- Öl für den Grillrost
- einige Blätter Brunnenkresse

Für die Safranbutter:
- 4 Schalotten
- 2 Knoblauchzehen
- 2 EL Olivenöl
- 100 ml Weißwein
- 1 Tütchen Safranpulver (0,2 g)
- 150 g Butter
- Salz
- Pfeffer aus der Mühle

ZUBEREITUNG:

1 Den Grill (mit Deckel, etwa 200 °C), für mittlere bis hohe direkte Hitze vorbereiten.

2 Für das Gemüse die Kohlrabi putzen, schälen und in fingerdicke Scheiben schneiden. Den Lauch putzen, der Länge nach halbieren, waschen und trocken tupfen. Beides mit Salz würzen.

3 Den Grillrost mit Öl einfetten. Beide Gemüse bei direkter Hitze mit geschlossenem Deckel auf jeder Seite 5 bis 6 Minuten grillen, bis sich ein Muster abzeichnet. Vom Grill nehmen, in eine Schüssel legen, mit Frischhaltefolie bedecken und 10 Minuten ruhen lassen. Danach in Stücke schneiden.

4 Für die Safranbutter die Schalotten und den Knoblauch schälen und in feine Würfel schneiden. Das Olivenöl bei direkter Hitze in einer Aluschale oder einem Grill-Kochgeschirr erhitzen und Schalotten und Knoblauch darin mit geschlossenem Deckel angrillen. Mit dem Wein ablöschen und den Safran unterrühren. Die Butter nach und nach einrühren und die Safranbutter mit Salz und Pfeffer würzen.

5 Das gegrillte Gemüse dazugeben und 2 bis 3 Minuten in der Safranbutter schwenken. Die Brunnenkresse verlesen, waschen und trocken tupfen. Das Gemüse auf Teller verteilen und mit der Brunnenkresse bestreuen.

KARTOFFELLAIBCHEN MIT OLIVEN-SARDELLEN-DIP

4 PORT.

ZUTATEN:

Für die Kartoffellaibchen:

- 4 große mehligkochende Kartoffeln (ca. 800 g)
- 1 Bund Petersilie
- 2 Eigelb
- 2 EL Speisestärke
- Salz
- Pfeffer aus der Mühle
- frisch geriebene Muskatnuss
- Öl für den Grillrost

Für den Dip:

- 200 g grüne Oliven (ohne Stein)
- 50 g getrocknete Tomaten (in Öl)
- 2 EL kleine Kapern (Nonpareilles)
- 3–4 Sardellenfilets (in Öl)
- 4 EL eingelegte Silberzwiebeln
- 50 g gemischte Kräuter (z. B. Petersilie, Kerbel, Kresse)
- Zesten und Saft von 1 Bio-Limette
- 4 EL Olivenöl
- Salz
- Pfeffer aus der Mühle

ZUBEREITUNG:

1 Den Grill (mit Deckel, etwa 200 °C) für hohe direkte/indirekte Hitze vorbereiten.

2 Für die Kartoffellaibchen die Kartoffeln rundum einstechen und bei indirekter Hitze mit geschlossenem Deckel 45 bis 50 Minuten grillen.

3 Für den Dip Oliven, Tomaten, Kapern und Sardellen fein hacken. Die Silberzwiebeln halbieren. Die Kräuter waschen und trocken schütteln, die Blätter abzupfen und fein schneiden. Alle vorbereiteten Zutaten mit den Limettenzesten, dem -saft und dem Olivenöl im Mörser zu einem Dip verarbeiten. Mit Salz und Pfeffer würzen.

4 Die Kartoffeln vom Grill nehmen, pellen, ausdampfen lassen und grob zerdrücken. Die Petersilie waschen und trocken schütteln, die Blätter abzupfen und fein schneiden. Kartoffeln und Petersilie mit den Eigelben und der Stärke zu einer kompakten Masse verrühren und mit Salz, Pfeffer und Muskatnuss würzen. Die Masse zu etwa 8 flachen Laibchen formen.

5 Den Grillrost mit Öl einfetten und die Laibchen bei direkter Hitze offen auf jeder Seite 2 bis 3 Minuten auf Sicht grillen. Die Kartoffellaibchen mit dem Oliven-Sardellen-Dip servieren.

GEGRILLTER WIRSING MIT KNUSPRIGEM SPECK

ZUTATEN:

- 1 kleiner Wirsing (ca. 800 g)
- 2 Zwiebeln
- 1 Bund Petersilie
- 3 EL geröstete Haselnusskerne
- Haselnussöl zum Bestreichen
- Salz
- Pfeffer aus der Mühle
- 16 Scheiben Frühstücksspeck (Bacon)
- 2–3 EL Haselnussöl
- Zesten und Saft von 1 Bio-Orange
- 150 ml Gemüsefond

ZUBEREITUNG:

1. Den Grill (mit Deckel, etwa 200 °C) für mittlere direkte Hitze vorbereiten.

2. Den Wirsing putzen und waschen, die Blätter ablösen und den harten Strunk entfernen. Die Zwiebeln schälen und in Spalten schneiden. Die Petersilie waschen, trocken schütteln und die Blätter abzupfen. Die Haselnüsse hacken.

3. Die Wirsingblätter mit dem Haselnussöl bestreichen und mit Salz und Pfeffer würzen. Die Blätter bei direkter Hitze mit geschlossenem Deckel auf jeder Seite 1 bis 2 Minuten auf Sicht grillen. Die Wirsingblätter in eine Schüssel legen, mit Frischhaltefolie bedecken und etwa 10 Minuten ruhen lassen. Danach in feine Streifen schneiden.

4. Die Speckscheiben bei direkter Hitze mit geschlossenem Deckel knusprig grillen.

5. Das Öl in einer Aluschale oder einem Grill-Kochgeschirr erhitzen und die Zwiebelspalten darin glasig grillen. Wirsingstreifen, Orangenzesten und -saft sowie die Nüsse dazugeben. Mit dem Fond aufgießen und mit geschlossenem Deckel 8 bis 10 Minuten grillen. Mit der Petersilie bestreuen und mit dem zerkleinerten Speck anrichten.

ZANDER-SCHINKEN-RÖLLCHEN MIT SPITZKOHLGEMÜSE

ZUTATEN:

Für den Zander:

- 8 Zanderfilets (à ca. 80 g)
- Pfeffer aus der Mühle
- 2 Feigen
- 4 TL Feigensenf
- 8 Scheiben Lardo (ital. fetter Speck)
- 8 Scheiben luftgetrockneter Schinken
  (z. B. Parmaschinken)

Für den Spitzkohl:

- 1 kleiner Spitzkohl (600–800 g)
- Olivenöl zum Bestreichen
- Salz
- Pfeffer aus der Mühle
- 1 rote Zwiebel
- 2 Frühlingszwiebeln
- 2 Mandarinen
- Öl für den Grillrost
- 1–2 EL Olivenöl
- 150 g eingelegter Kürbis +
  4 EL Kürbissud
- 4 EL geröstete Macadamianusskerne
- 2 Kästchen Gartenkresse

ZUBEREITUNG:

1. Den Grill (mit Deckel, etwa 200 °C) für mittlere bis hohe direkte Hitze vorbereiten.

2. Die Zanderfilets waschen, trocken tupfen und mit Pfeffer würzen. Die Feigen waschen und in je 4 Scheiben schneiden. Die Zanderfilets mit dem Feigensenf bestreichen, je 1 Feigenscheibe darauflegen. Jedes belegte Fischfilet auf 1 Lardo- und 1 Schinkenscheibe legen und darin einrollen.

3. Vom Spitzkohl die äußeren Blätter entfernen, den Kohl vierteln und mit Öl bestreichen. Mit Salz und Pfeffer würzen und bei direkter Hitze mit geschlossenem Deckel auf jeder Seite 2 bis 3 Minuten grillen, bis sich ein Muster abzeichnet. Die Kohlviertel in eine Schüssel legen, mit Frischhaltefolie bedecken und etwa 10 Minuten ziehen lassen. Danach den Strunk entfernen und die Viertel in Streifen schneiden.

4. Die Zwiebel schälen und in Streifen schneiden. Die Frühlingszwiebeln putzen, waschen und in Ringe schneiden. Die Mandarinen schälen, die Filets herauslösen und halbieren.

5. Den Grillrost mit Öl einfetten. Die Zanderfilets bei direkter Hitze mit geschlossenem Deckel auf jeder Seite 3 bis 4 Minuten grillen. Das Olivenöl in einer Aluschale oder einem Grill-Kochgeschirr bei direkter Hitze erhitzen. Die Zwiebel und den Kohl darin mit geschlossenem Deckel 4 bis 5 Minuten weich grillen. Mit den vorbereiteten Zutaten sowie Kürbis, Kürbissud und Macadamianüssen mischen und mit geschlossenem Deckel 2 bis 3 Minuten fertig grillen.

6. Das Spitzkohlgemüse auf Teller verteilen und die Zander-Schinken-Röllchen darauf anrichten. Die Kresse vom Beet schneiden, waschen, trocken tupfen und daraufstreuen.

GERÄUCHERTE FORELLENFILETS MIT TEE-RUB

 4 PORT.

ZUTATEN:

- **4 Forellenfilets (à 120–150 g)**
- **1 Rezept Tee-Rub (siehe S. 21)**
- **4 gewässerte Holz- oder Bambusspieße (ca. 30 cm lang)**
- **1 Handvoll gewässerte Holzchips**

ZUBEREITUNG:

1 Die Forellenfilets waschen und trocken tupfen. Mit dem Tee-Rub einreiben und zugedeckt bei Zimmertemperatur mindestens 30 Minuten marinieren. Danach je 1 Filet ziehharmonikaartig auf einen Spieß stecken.

2 Den Grill (mit Deckel, etwa 180 °C) für mittlere indirekte Hitze vorbereiten.

3 Die „Steckerlfische" am Rost fixieren, die Holzchips direkt auf die Glut geben und die Fischfilets mit geschlossenem Deckel etwa 10 Minuten – je nach Geschmack – räuchern. (Beim Gasgrill die Chips in die Räucherbox geben und auf höchster Stufe zum Rauchen bringen. Sobald sich dichter Rauch entwickelt, das Gas zurückdrehen, ggf. ausschalten und die Filets räuchern.)

TIPP:

Auf diese Weise können Sie auch andere fettreiche und mittelfette Fische zubereiten, z. B. Lachs, Lachsforelle, Saibling oder Regenbogenforelle. Zum geräucherten Forellenfilet passt die Aioli von Seite 28 wunderbar.

RINDERFILET MIT SPEKULATIUSKRUSTE

ZUTATEN:

Für die Spekulatiuskruste:

- 100 g weiche Butter
- 4 Zweige Rosmarin
- 50 g Spekulatius
- 1 Eigelb
- 1 TL Spekulatiusgewürz
- 1 EL Honig
- abgeriebene Schale von 1 Bio-Orange
- 50 g Semmelbrösel
- Salz
- Pfeffer aus der Mühle

Für das Rinderfilet:

- 4 Rinderfiletmedaillons (à ca. 250 g)
- Salz
- Öl für den Grillrost
- Pfeffer aus der Mühle

ZUBEREITUNG:

1. Den Grill (mit Deckel, etwa 250 °C) für hohe direkte/indirekte Hitze vorbereiten.

2. Für die Spekulatiuskruste die Butter dickschaumig aufschlagen. Den Rosmarin waschen und trocken schütteln, die Nadeln abzupfen und fein schneiden. Die Spekulatius fein zerbröseln, beides unter die Butter rühren. Alle anderen Zutaten ebenfalls unterrühren und die Spekulatiusbutter mit Salz und Pfeffer würzen.

3. Die Rinderfiletmedaillons nach Belieben mit Küchengarn binden (siehe Tipp). Mit Salz würzen.

4. Den Grillrost mit Öl einfetten und die Filets auf beiden Seiten bei direkter Hitze mit geschlossenem Deckel grillen, bis sich ein Muster abzeichnet. Danach vom Grill nehmen und mit Pfeffer würzen.

5. Die Spekulatiuskruste mit einem Löffel auf die Filets streichen. Die Filets mit Kruste bei indirekter Hitze mit geschlossenem Deckel weitere 5 bis 6 Minuten grillen. Die optimale Kerntemperatur beträgt 56 bis 58 °C. Die Medaillons ohne Hitze 4 bis 5 Minuten ruhen lassen. Das Küchengarn entfernen und die Medaillons servieren.

TIPP:

Ich binde die Medaillons gerne mit Küchengarn, da sie dann beim Grillen die Form behalten und gleichmäßiger garen. Als Beilage dazu schmeckt der Rote-Bete-Steckrüben-Auflauf (siehe S. 121).

HIRSCHRÜCKENKOTELETTS MIT PUNSCHLACK UND PASTINAKEN

ZUTATEN:

Für die Koteletts:

- 8 Hirschkoteletts (à ca. 120 g)
- 1 Rezept Lebkuchen-Rub (siehe S. 20)
- 1 Rezept Punschlack (siehe S. 25)

Für die Pastinaken:

- 600 g Pastinaken
- Salz
- Pfeffer aus der Mühle
- 2 Schalotten
- Öl für den Grillrost
- ½ Bund Petersilie
- 50 g Butter
- 50 g getrocknete Cranberrys
- 100 g Datteln
- 50 g Paranusskerne
- Kräuter zum Bestreuen (z. B. Kerbel, Ampfer, Petersilie)

ZUBEREITUNG:

1. Die Hirschkoteletts waschen und trocken tupfen. Mit dem Lebkuchen-Rub rundum einreiben und zugedeckt bei Zimmertemperatur mindestens 30 Minuten, am besten aber zugedeckt über Nacht im Kühlschrank marinieren.

2. Den Grill (mit Deckel, etwa 200 °C) für mittlere bis hohe direkte/indirekte Hitze vorbereiten.

3. Die Pastinaken putzen, schälen und längs in Scheiben schneiden. Mit Salz und Pfeffer würzen. Die Schalotten schälen und in feine Würfel schneiden. Den Grillrost mit Öl einfetten und die Pastinakenscheiben bei direkter Hitze mit geschlossenem Deckel auf jeder Seite 1 bis 2 Minuten grillen, bis sich ein Muster abzeichnet. Dann in eine Schüssel legen, mit Frischhaltefolie bedecken und etwa 10 Minuten ziehen lassen.

4. Den Rost erneut einfetten und die Hirschkoteletts bei direkter Hitze mit geschlossenem Deckel auf jeder Seite 1 bis 2 Minuten grillen, bis sich ein Muster abzeichnet. Danach bei indirekter Hitze weitere 5 bis 6 Minuten grillen. Dabei nach und nach mit dem Punschlack bestreichen, bis dieser aufgebraucht ist. Zum Schluss etwa 5 Minuten ohne Hitze ruhen lassen. Die optimale Kerntemperatur für die Hirschkoteletts beträgt 56 bis 60 °C.

5. Die Petersilie waschen und trocken schütteln, die Blätter abzupfen und fein schneiden. Die Butter in einer Aluschale oder einem Grill-Kochgeschirr erhitzen. Schalotten und Pastinaken darin angrillen. Cranberrys, Datteln und Nüsse dazugeben und die Pastinaken mit geschlossenem Deckel weich grillen. Mit Salz und Pfeffer würzen und mit den Hirschkoteletts anrichten. Mit Petersilie und den Kräutern bestreuen.

GEGRILLTER REHRÜCKEN MIT BUNTEM BLUMENKOHL

ZUTATEN:

Für den Rehrücken:

- 1 Rehrücken (ca. 1 ½ kg)
- 1 Rezept Vanille-Rub (siehe S. 21)
- Küchengarn zum Binden
- Öl für den Grillrost
- 1 Rezept Zimt-Wacholder-Lack
  (siehe S. 25)

Für den Blumenkohl:

- 4 kleine Köpfe bunter Blumenkohl
  (ca. 800 g; ersatzweise weißer
  Blumenkohl)
- 2 Zwiebeln
- 1 EL Butter
- Salz
- Pfeffer aus der Mühle
- 200 ml Gemüsefond

ZUBEREITUNG:

1 Den Rehrücken waschen und trocken tupfen. Die Filets an der Unterseite vom Knochen lösen. Die Rehrückenstränge an der Oberseite vom Knochen lösen und beides von Fett und Sehnen befreien. Das Fleisch rundum mit dem Vanille-Rub einreiben. Die Rehfilets unter die dünnen Seiten der Rehrückenstränge legen und beides wieder auf den Knochen legen. Mit Küchengarn binden. Den Rehrücken zugedeckt mindestens 30 Minuten bei Zimmertemperatur, am besten zugedeckt über Nacht im Kühlschrank marinieren.

2 Den Grill (mit Deckel, 160 bis 180 °C) für mittlere direkte/indirekte Hitze vorbereiten.

3 Die Blumenkohlköpfe putzen, waschen und in Röschen schneiden. Die Zwiebeln schälen und in Spalten schneiden.

4 Den Grillrost mit Öl einfetten und den Rehrücken bei indirekter Hitze mit geschlossenem Deckel 30 bis 35 Minuten grillen. Die optimale Kerntemperatur für Rehrücken beträgt etwa 56 °C. Den Zimt-Wacholder-Lack zeitgleich in einer Aluschale oder einem Grill-Kochgeschirr bei direkter Hitze fast sirupartig einkochen. Zum Schluss den Rehrücken ohne Hitze 10 bis 15 Minuten ruhen lassen.

5 Die Butter in einer Aluschale oder einem Grill-Kochgeschirr erhitzen und Blumenkohl und Zwiebeln darin bei direkter Hitze mit geschlossenem Deckel 3 bis 4 Minuten angrillen. Mit Salz und Pfeffer würzen. Fond dazugießen. Blumenkohl mit geschlossenem Deckel 6 bis 8 Minuten weich garen.

6 Das Küchengarn vom Rehrücken entfernen und das Fleisch rundum mit dem Lack bestreichen. In Scheiben schneiden und mit dem bunten Blumenkohlgemüse servieren.

GEFÜLLTES SCHWEINEFILET MIT LEBKUCHEN-RUB

ZUTATEN:

- 600 g Schweinefilet
  (ohne Fett und Sehnen)
- Salz
- Pfeffer aus der Mühle
- 100 g Studentenfutter
- 2 EL Preiselbeerkonfitüre
- 1 Msp. Zimtpulver
- 1 Msp. gemahlener Kardamom
- Küchengarn zum Binden
- 1 Rezept Lebkuchen-Rub (siehe S. 20)
- Öl für den Grillrost

ZUBEREITUNG:

1 Das Filet waschen und trocken tupfen. Dann der Länge nach Schritt für Schritt etwa ½ cm dick vom Rand aufschneiden, aber das Fleisch nicht durchschneiden. Abrollen, sodass eine rechteckige Fläche entsteht. Mit Salz und Pfeffer würzen. Das Studentenfutter fein hacken und mit der Konfitüre und den gemahlenen Gewürzen mischen. Die Füllung gleichmäßig auf die Fleischfläche streichen, das Fleisch locker aufrollen und mit Küchengarn fixieren.

2 Das Fleisch mit dem Lebkuchen-Rub einreiben und zugedeckt bei Zimmertemperatur mindestens 30 Minuten, am besten aber zugedeckt über Nacht im Kühlschrank marinieren.

3 Den Grill (mit Deckel, etwa 180 °C) für mittlere direkte/indirekte Hitze vorbereiten.

4 Den Grillrost mit Öl einfetten und das Fleisch bei direkter Hitze offen 3 bis 4 Minuten rundum angrillen. Dann bei indirekter Hitze mit geschlossenem Deckel 15 bis 20 Minuten grillen. Zum Schluss 5 Minuten ohne Hitze ruhen lassen. Das gefüllte Schweinefilet in Scheiben schneiden und auf Teller verteilen.

TIPP:

Die Regel-Kerntemperatur für ein durchgegartes Schweinefilet beginnt bei etwa 70 °C. Bei sehr hochwertigem Fleisch, etwa beim Filet eines Schwäbisch-Hällischen Landschweins oder eines Iberischen Schweins, kann die Kerntemperatur bedenkenlos auf 56 bis 58 °C herabgesetzt werden. So ist es innen sanft rosa, saftig und wunderbar zart.

GEBRANNTE PRINTENCREME

ZUTATEN:

- 350 g Sahne
- 150 ml Milch
- ½ TL Printengewürz
- Mark von 1 Vanilleschote
- 50 g kandierter Zucker
- 100 g Eigelb (ca. 5 Eigelb)
- 2 EL Rohrzucker

ZUBEREITUNG:

1. Den Grill (mit Deckel, 140 bis 160 °C) für niedrige bis mittlere direkte/indirekte Hitze vorbereiten.

2. Die Sahne und die Milch mit dem Printengewürz, dem Vanillemark und dem kandierten Zucker in eine Aluschale oder ein Grill-Kochgeschirr geben und bei direkter Hitze mit geschlossenem Deckel aufkochen. Dann unter Rühren weiterkochen, bis der Zucker sich vollständig aufgelöst hat.

3. Die Eigelbe in eine Schüssel geben, die Sahnemischung zuerst tröpfchenweise und danach in einem dünnen Strahl dazugeben und unterrühren. Die Mischung in die Aluschale gießen und mit einem Teigschaber bei direkter Hitze rühren, bis sie zu stocken beginnt. Durch ein feines Sieb gießen und auf vier ofenfeste Schälchen verteilen. Etwas Wasser in eine große Aluschale geben und die Schälchen hineinstellen.

4. Die Creme im Wasserbad bei indirekter Hitze mit geschlossenem Deckel 20 bis 25 Minuten stocken lassen. Danach vom Grill nehmen und etwas abkühlen lassen.

5. Den Grill (mit Deckel, etwa 250 °C) für hohe indirekte Hitze vorbereiten. Den Zucker auf die Creme streuen und bei indirekter Hitze mit geschlossenem Deckel karamellisieren.

TIPP:

Achten Sie darauf, dass die Masse beim Rühren nicht zu heiß wird. Das testen Sie am besten mit einem Fleisch- oder Bratenthermometer. Die Temperatur sollte zwischen 80 und 82 °C betragen. Am besten bereiten Sie die Creme am Vortag zu und stellen sie über Nacht zugedeckt kühl. Dann kann sie kühlschrankkalt auf dem Grill karamellisiert werden.

CHOCOLATE-CHEESE-CAKE

ZUTATEN:

- 35 g Butter
- 40 g Schokoladenkekse
- 50 g Vollmilchschokolade
- 3 Eigelb
- 100 g Zucker
- 200 g Magerquark
- 1 EL Speisestärke
- 2 EL Kakaopulver
- Schokoladensplitter zum Bestreuen
- Kakaopulver zum Bestäuben

ZUBEREITUNG:

1. Den Grill (mit Deckel, 160 bis 180 °C) für mittlere indirekte Hitze vorbereiten.

2. 1 EL Butter in einer Aluschale oder einem Grill-Kochgeschirr am Rand des Grills zerlassen. Die Schokoladenkekse in einen Gefrierbeutel füllen und mit dem Nudelholz fein zerstoßen.

3. Eine runde Aluschale oder spezielle Grillbackform (24 cm Durchmesser) mit der geschmolzenen Butter ausstreichen und mit den zerstoßenen Schokoladenkeksen ausstreuen. Die Schokolade fein hacken. Die übrige Butter zerlassen und die gehackte Schokolade einrühren.

4. In einer Schüssel die Eigelbe mit Zucker, Quark, Speisestärke und Kakao zu einer halbfesten Masse verrühren. Die Butter-Schokoladen-Mischung hinzufügen und unterrühren. Den Teig in die Aluschale bzw. Backform füllen.

5. Den Chocolate-Cheese-Cake bei indirekter Hitze mit geschlossenem Deckel 35 bis 40 Minuten grillen. Etwas abkühlen lassen und aus der Form lösen. Mit den Schokoladensplittern bestreuen und mit Kakaopulver bestäuben.

GEFÜLLTE BRATBIRNEN MIT HASELNUSSBAISER

ZUTATEN:

Für die Birnen:

- **4 reife Birnen**
- **Zesten und Saft von je 1 Bio-Limette und Bio-Orange**
- **2 EL Butter**
- **2 EL Honig**
- **½ TL Zimtpulver**

Für die Füllung:

- **100 g Studentenfutter**
- **50 g Marzipanrohmasse**
- **50 g Vollmilchschokolade**
- **½ TL Zimtpulver**

Für das Baiser:

- **2 Eiweiß**
- **100 g Puderzucker**
- **2 EL Haselnussgrieß (Feinkost)**

Außerdem:

- **Puderzucker zum Bestäuben**

ZUBEREITUNG:

1 Die Birnen waschen und am Stielende einen „Deckel" abschneiden. Die Birnen mit einem Teelöffel oder Kugelausstecher vorsichtig aushöhlen, dabei einen ½ bis 1 cm dicken Rand stehen lassen.

2 Den Grill (mit Deckel, etwa 180 °C) für mittlere indirekte Hitze vorbereiten.

3 Die Limetten- und Orangenzesten und den Saft mit Butter, Honig und Zimt in eine Aluschale oder ein Grill-Kochgeschirr geben und auf dem Grill auf Sicht leicht einkochen.

4 Für die Füllung das Studentenfutter grob hacken. Die Marzipanrohmasse und die Schokolade ebenso hacken und mit dem Studentenfutter und dem Zimt mischen. Die Füllung auf die Birnen verteilen und diese in eine zweite Aluschale stellen. Den eingekochten Sud über die Birnen gießen.

5 Für das Baiser die Eiweiße halbsteif aufschlagen, dabei den gesiebten Puderzucker nach und nach einrieseln lassen. Zum Schluss den Haselnussrieß vorsichtig unterheben. Je 1 bis 2 EL Baisermasse auf die Birnen geben und die Deckel vorsichtig auflegen. Die Birnen bei indirekter Hitze mit geschlossenem Deckel 12 bis 15 Minuten grillen.

6 Die gefüllten Birnen vor dem Servieren mit Puderzucker bestäuben.

TIPP:

Studentenfutter ist für dieses Rezept sehr praktisch, weil verschiedene Nüsse, Mandeln und Trockenfrüchte in einer Packung sind. Somit müssen Sie die Zutaten nicht einzeln kaufen.

LIEBESÄPFEL

ZUTATEN:

Für die Äpfel:

- 250 g Zucker
- 200 ml Grenadine (Granatapfelsirup)
- 1 Vanilleschote
- Zesten und Saft von je 2 Bio-Orangen und Bio-Limetten
- 2 EL Korianderkörner
- 4 Gewürznelken
- 1 TL schwarze Pfefferkörner
- 4 kleine feste Äpfel mit Stiel (z. B. Redlove, siehe Tipp)
- 4 gewässerte Holzspieße
- Öl für den Grillrost

Für den Zuckerguss:

- 1 Eiweiß
- Saft von ½ Limette
- 1 Msp. rote Lebensmittelfarbe (nach Belieben)
- 200 g Puderzucker

Außerdem:

- Haselnusskrokant, Kakaobruch, bunte Perlen oder Keksbrösel zum Wälzen

ZUBEREITUNG:

1 Am Vortag die Äpfel zubereiten. Für den Sud ½ l Wasser mit dem Zucker, der Grenadine, der längs halbierten Vanilleschote, den Zesten und dem Saft der Zitrusfrüchte sowie den ganzen Gewürzen einmal aufkochen und beiseitestellen. Die Äpfel schälen, in den Sud legen und zugedeckt über Nacht ziehen lassen.

2 Am nächsten Tag den Grill (mit Deckel, 140 bis 160 °C) für niedrige bis mittlere indirekte Hitze vorbereiten.

3 Die Äpfel aus dem Sud nehmen, trocken tupfen und aufspießen.

4 Den Grillrost mit Öl einfetten und die Äpfel bei indirekter Hitze mit geschlossenem Deckel 10 bis 12 Minuten grillen.

5 Für den Zuckerguss das Eiweiß mit dem Limettensaft und nach Belieben der Lebensmittelfarbe aufschlagen, dabei nach und nach den gesiebten Puderzucker einrieseln lassen.

6 Die gegrillten Äpfel in den Zuckerguss tauchen und in Krokant, Kakaobruch, Perlen oder Keksbröseln wälzen. Noch warm servieren.

TIPP:

Ich verwende für die Liebesäpfel gerne die Sorte „Redlove": Dies ist eine neue Apfelsorte, sie wird seit 2010 angeboten. Das Besondere an diesem Apfel sind sein rotes Fruchtfleisch und seine Form, die an ein Herz erinnert. Alternativ können auch andere Äpfel mit festem Fruchtfleisch, wie z. B. Elstar, verwendet werden.

WINTER

ZWIEBELSÜPPCHEN MIT GEGRILLTEN JAKOBSMUSCHELN

4 PORT.

ZUTATEN:

Für das Süppchen:

- 6 rote Zwiebeln
- 2 Knoblauchzehen
- 2 EL Butter
- 1 EL Honig
- 100 ml Weißwein
- 600 ml Gemüsefond
- 4 Stiele Oregano
- Zesten und Saft von 1 Bio-Zitrone
- Salz
- Pfeffer aus der Mühle

Für die Muscheln:

- Öl für den Grillrost
- 8 Jakobsmuscheln (küchenfertig)
- Salz
- Pfeffer aus der Mühle

ZUBEREITUNG:

1 Den Grill (mit Deckel, etwa 200 °C) für mittlere bis hohe direkte/indirekte Hitze vorbereiten.

2 Für das Süppchen die Zwiebeln rundum einstechen und bei indirekter Hitze mit geschlossenem Deckel etwa 30 Minuten bissfest grillen. Den Knoblauch schälen und in kleine Würfel schneiden.

3 Die gegrillten Zwiebeln schälen und grob in Spalten schneiden. Die Butter in einer Aluschale oder einem Grill-Kochgeschirr bei direkter Hitze erhitzen. Zwiebeln und Knoblauch darin grillen. Den Honig dazugeben, mit Wein ablöschen und mit dem Fond aufgießen. Alles mit geschlossenem Deckel etwa 15 Minuten köcheln. Den Oregano waschen, trocken tupfen und die Blätter abzupfen.

4 Für die Muscheln den Grillrost mit Öl einfetten und die Jakobsmuscheln bei direkter Hitze mit geschlossenem Deckel auf jeder Seite 2 bis 3 Minuten grillen. Mit Salz und Pfeffer würzen.

5 Die Suppe mit Zitronenzesten und -saft sowie den Oreganoblättchen würzen und auf Teller verteilen. Die Jakobsmuscheln einlegen und das Süppchen sofort servieren.

HASELNUSSPOLENTA MIT SÜSSKARTOFFELSALAT

ZUTATEN:

Für den Salat:

- 2 große Süßkartoffeln
- 1 EL grober süßer Senf
- 1 TL Currypulver
- 4 EL Balsamico bianco
- ¼ l Gemüsefond
- 75 ml Olivenöl
- Salz
- Pfeffer aus der Mühle
- 1 Bund Schnittlauch
- 200 g Winterportulak

Für die Polenta:

- 300 ml Gemüsefond
- 6 Zweige Thymian
- 150 g Polenta (Maisgrieß)
- 50 g Butter
- Salz
- Pfeffer aus der Mühle
- 50 g Haselnussgrieß (Feinkostladen)
- 4 EL Haselnussöl
- Haselnussöl zum Bestreichen

ZUBEREITUNG:

1 Den Grill (mit Deckel, etwa 180 °C) für mittlere direkte/indirekte Hitze vorbereiten.

2 Für den Salat die Süßkartoffeln rundum einstechen und bei indirekter Hitze mit geschlossenem Deckel etwa 30 Minuten grillen.

3 Für die Polenta den Fond in einer Aluschale oder einem Grill-Kochgeschirr bei direkter Hitze mit geschlossenem Deckel zum Kochen bringen. Den Thymian waschen, trocken schütteln und die Blättchen abzupfen. Die Polenta, die Thymianblättchen und die Butter in den Fond rühren, Polenta 1 bis 2 Minuten unter Rühren quellen lassen und mit Salz und Pfeffer würzen. Den Haselnussgrieß und das Öl unterrühren. Die Masse in eine mit Backpapier ausgelegte eckige Form geben, auf etwa 1 cm flach streichen und abkühlen lassen.

4 Senf, Curry, Balsamico und Fond mischen und mit Salz und Pfeffer würzen. Das Olivenöl zuerst tröpfchenweise, danach in einem Strahl einrühren. Den Schnittlauch waschen, trocken schütteln und in Röllchen schneiden. Den Portulak verlesen, waschen und trocken schleudern.

5 Die abgekühlte Polenta mit Öl bestreichen und bei direkter Hitze mit geschlossenem Deckel auf jeder Seite 2 bis 3 Minuten grillen. Anschließend in Dreiecke schneiden.

6 Die Süßkartoffeln leicht abkühlen lassen, pellen und in kleine Würfel schneiden. Mit dem Schnittlauch und der Vinaigrette mischen. Den Portulak untermischen und den Salat auf Teller verteilen. Die Haselnusspolenta darauf anrichten.

SCHWARZWURZELN IM SPECKMANTEL

ZUTATEN:

- **8 Schwarzwurzeln**
- **24 Scheiben Frühstücksspeck (Bacon)**
- **Öl für den Grillrost**
- **Pfeffer aus der Mühle**

ZUBEREITUNG:

1 Den Grill (mit Deckel, etwa 180 °C) für mittlere indirekte Hitze vorbereiten.

2 Die Schwarzwurzeln unter fließendem kaltem Wasser waschen und schälen. Sofort dritteln und jeweils mit 1 Scheibe Frühstücksspeck umwickeln.

3 Den Grillrost mit Öl einfetten und die Schwarzwurzeln bei indirekter Hitze mit geschlossenem Deckel 20 bis 25 Minuten auf Sicht grillen. Mit Pfeffer würzen.

TIPP:

Wenn Sie die Schwarzwurzeln früher vorbereiten möchten, legen Sie sie nach dem Schälen in Milch oder Zitronenwasser, dann verfärben sie sich nicht braun. Sie können die Schwarzwurzeln auch in kochendem Wasser 10 Minuten vorgaren, dann sind sie nach etwa 10 Minuten auf dem Grill fertig.

GEGRILLTE LAUCHSPIESSE MIT KRÄUTERFLAKES

ZUTATEN:

Für die Spieße:

- 1 Stange Lauch
- 250 g braune Champignons (Egerlinge)
- 50 g Ingwer
- 2 rote Peperoni
- 8 gewässerte Holzspieße
- 4 EL Sojasauce
- Currypulver
- 4 EL Erdnussöl
- Öl für den Grillrost
- Salz
- Pfeffer aus der Mühle

Für die Flakes:

- 50 g ungesüßte Cornflakes
- Salz
- Pfeffer aus der Mühle
- 50 g gemischte Kräuter (z. B. Petersilie, Schnittlauch)

ZUBEREITUNG:

1 Für die Spieße den Lauch putzen, waschen und in fingerdicke Ringe schneiden. Die Pilze putzen und, falls nötig, trocken abreiben. Den Ingwer schälen und in feine Würfel schneiden. Die Peperoni längs halbieren, entkernen, waschen und ebenfalls klein schneiden. Lauchringe und Pilze abwechselnd auf die Spieße stecken.

2 Ingwer, Chili, Sojasauce und Currypulver in einer flachen Schale verrühren und das Öl unterschlagen. Die Spieße in die Marinade legen und bei Zimmertemperatur mindestens 30 Minuten marinieren. Den Grill (mit Deckel, etwa 180 °C) für mittlere direkte/indirekte Hitze vorbereiten.

3 Den Grillrost mit Öl einfetten. Die Spieße leicht abtropfen lassen und bei direkter Hitze mit geschlossenem Deckel auf jeder Seite 1 bis 2 Minuten grillen. Danach bei indirekter Hitze 4 bis 5 Minuten fertig grillen.

4 Für die Flakes die Cornflakes grob zerkleinern und mit Salz und Pfeffer würzen. Die Kräuter waschen und trocken schütteln, die Blätter abzupfen und fein schneiden, Schnittlauch in Röllchen schneiden. Die Kräuter mit den Flakes mischen.

5 Die Spieße mit Salz und Pfeffer würzen und mit den Kräuterflakes bestreut servieren.

WIRSINGROULADEN MIT GEGRILLTEN ZWIEBELN

ZUTATEN:

Für die Rouladen:

- 1 kleiner Wirsing (ca. 800 g)
- 1 Rezept Vanille-Rub (siehe S. 21)
- Öl zum Bestreichen

Für die Füllung:

- 2 Schalotten
- 4 Scheiben luftgetrockneter Schinken
- ½ Bund Petersilie
- 100 g Büffelmozzarella
- 100 g Ricotta
- 2 Eigelb
- abgeriebene Schale und Saft von 1 Bio-Zitrone
- Salz
- Pfeffer aus der Mühle

Für die Zwiebeln:

- 4 rote Zwiebeln

Außerdem:

- Öl für den Grillrost
- 50 g Butter
- 100 ml Gemüsefond
- 200 g Sahne
- 50 g gemischte Kräuter (z. B. Petersilie, Schnittlauch)
- 2 EL Olivenöl

ZUBEREITUNG:

1 Für die Rouladen den Wirsing putzen und 12 Blätter ablösen. Die Mittelrippe flach schneiden und die Blätter mit dem Vanille-Rub bestreuen. Bei Zimmertemperatur mindestens 30 Minuten, am besten aber zugedeckt über Nacht im Kühlschrank marinieren. Den übrigen Wirsing vierteln, den harten Strunk entfernen und die Viertel in Streifen schneiden. Den Grill (mit Deckel, etwa 200 °C) für mittlere bis hohe direkte/indirekte Hitze vorbereiten.

2 Für die Füllung die Schalotten schälen und in feine Würfel schneiden, den Schinken ebenfalls würfeln. Die Petersilie waschen und trocken schütteln, die Blätter abzupfen und fein hacken. Den Mozzarella würfeln. Alle vorbereiteten Zutaten mit Ricotta, Eigelben, Zitronenschale und -saft mischen und mit Salz und Pfeffer würzen.

3 Die Wirsingblätter mit Öl bestreichen und auf dem eingeölten Grillrost mit geschlossenem Deckel auf jeder Seite 1 bis 2 Minuten grillen. Auskühlen lassen. Die Zwiebeln rundum einstechen und bei indirekter Hitze mit geschlossenem Deckel etwa 20 Minuten grillen.

4 Die Füllung mittig auf die Wirsingblätter geben und die Blätter aufrollen. Die Butter in einer großen Aluschale bei direkter Hitze erhitzen, Rouladen und Wirsingstreifen darin wenden. Den Fond und die Sahne dazugießen und alles mit geschlossenem Deckel 20 bis 25 Minuten grillen, dabei gelegentlich wenden und ggf. mit Salz und Pfeffer würzen.

5 Kräuter waschen und trocken schütteln, Blätter abzupfen und fein schneiden, Schnittlauch in Röllchen schneiden. Zwiebeln schälen, in Spalten schneiden und zu den Rouladen geben. Mit Kräutern bestreuen, mit Olivenöl beträufeln.

FELDSALAT MIT GERÄUCHERTEM KARTOFFEL-SPECK-DRESSING

ZUTATEN:

Für das Dressing:

- 4 große mehligkochende Kartoffeln
- 2 Zwiebeln
- 8 Scheiben Frühstücksspeck (Bacon)
- 1 EL Senf
- 4 EL Balsamico bianco
- ¼ l Gemüsefond
- Salz
- Pfeffer aus der Mühle
- 50 ml Haselnussöl
- 100 g saure Sahne

Für den Salat:

- 200 g zarter Feldsalat
- 50 g heller Frisée

Außerdem:

- 1 Handvoll gewässerte Holzchips

ZUBEREITUNG:

1 Den Grill (mit Deckel, etwa 200 °C) für mittlere bis hohe direkte/indirekte Hitze vorbereiten.

2 Für das Dressing die Kartoffeln rundum einstechen und bei indirekter Hitze mit geschlossenem Deckel etwa 50 Minuten grillen.

3 Die Zwiebeln schälen und in feine Würfel schneiden, den Speck in kleine Würfel schneiden. Senf, Balsamico und Fond in einen hohen Rührbecher geben und mit Salz und Pfeffer würzen. Das Öl zuerst tröpfchenweise, danach in einem dünnen Strahl mit dem Stabmixer untermixen.

4 Den gewürfelten Speck in einer Aluschale oder einem Grill-Kochgeschirr bei direkter Hitze mit geschlossenem Deckel knusprig grillen. Die Zwiebeln kurz mitgrillen, herunternehmen. Die Kartoffeln halbieren, aushöhlen und das Fruchtfleisch zur Speck-Zwiebel-Mischung geben. Die Aluschale wieder auf den Grill stellen, die Holzchips direkt auf die Glut geben und das Ganze mit geschlossenem Deckel nach Geschmack 15 bis 20 Minuten räuchern. (Beim Gasgrill die Chips in die Räucherbox geben und auf höchster Stufe zum Rauchen bringen. Sobald sich dichter Rauch entwickelt, das Gas zurückdrehen, ggf. ausschalten. Räuchern.)

5 Kartoffeln, Speck, Zwiebeln und Essig- Öl-Mischung zu einem Dressing verrühren. Die saure Sahne unterrühren.

6 Feldsalat und Frisée verlesen, waschen, trocken schleudern und klein zupfen. Auf Teller verteilen und das Dressing daraufgeben. Nach Belieben mit Haselnüssen bestreuen.

GEGRILLTE TOFURÖLLCHEN MIT QUITTEN-CHUTNEY

4 PORT.

ZUTATEN:

Für das Chutney:

- 600 g Quitten
- 3 rote Peperoni
- Zesten und Saft von 1 Bio-Zitrone
- 4 EL Honig
- 100 g Quittengelee
- Salz
- Chili aus der Mühle

Für die Tofuröllchen:

- 1 kleiner Chinakohl
- 1 Möhre
- 4 zarte Stangen Lauch
- 1 Apfel
- 200 g Tofu
- 50 g Ingwer
- 2 EL Sojasauce
- 4 EL Erdnussöl
- Salz
- Chili aus der Mühle
- Öl für den Grillrost

ZUBEREITUNG:

1. Den Grill (mit Deckel, etwa 200 °C) für mittlere bis hohe direkte/indirekte Hitze vorbereiten.

2. Für das Chutney die Quitten schälen und vierteln, das Kerngehäuse entfernen und die Viertel in kleine Würfel schneiden. Die Peperoni längs halbieren, entkernen, waschen und klein schneiden.

3. Die Quittenwürfel und die Peperoni mit Zitronenzesten und -saft, dem Honig und dem Quittengelee in eine Aluschale oder ein Grill-Kochgeschirr geben und bei indirekter Hitze mit geschlossenem Deckel 25 bis 30 Minuten einkochen. Dabei gelegentlich rühren. Kurz vor Garzeitende mit Salz und Chili würzen.

4. Für die Tofuröllchen den Chinakohl putzen, 12 schöne Blätter ablösen und bei direkter Hitze mit geschlossenem Deckel 1 bis 2 Minuten grillen, bis sich ein Muster abzeichnet. Auskühlen lassen.

5. Die Möhre putzen und schälen, den Lauch putzen und waschen, den Apfel schälen, vierteln und entkernen. Möhre, Lauch und Apfel mit dem übrigen Chinakohl in Streifen schneiden. Den Tofu in 12 Stifte schneiden. Den Ingwer schälen und würfeln. Alle vorbereiteten Zutaten mit Sojasauce und Erdnussöl mischen und mit Salz und Chili würzen. Auf jedes Chinakohlblatt mittig je 1 Stück Tofu und etwas Gemüse legen. Die Seiten einschlagen und die Kohlblätter aufrollen.

6. Den Grillrost mit Öl einfetten und die Röllchen bei indirekter Hitze 6 bis 8 Minuten braun grillen. Mit dem Quitten-Chutney servieren.

KLEINE WINTERLICHE FLAMMKUCHEN

ZUTATEN:

Für den Teig:
- **200 g Mehl**
- **2 EL Olivenöl**
- **Salz**
- **Zucker**
- **Mehl für die Arbeitsfläche**

Für den Belag:
- **200 g saure Sahne**
- **Salz**
- **Pfeffer aus der Mühle**
- **½ Bund Frühlingszwiebeln**
- **½ Bund Schnittlauch**
- **1 rote Zwiebel**
- **1 Birne**
- **2 Feigen**
- **8 Scheiben Frühstücksspeck (Bacon)**
- **50 g Käse zum Überbacken**
  (**z. B. Emmentaler, Brie, Camembert**)

ZUBEREITUNG:

1. Den Grill (mit Deckel, etwa 250 °C) für hohe direkte Hitze vorbereiten.

2. Für den Teig Mehl und Olivenöl mit 80 ml Wasser vermischen und mit je 1 Prise Salz und Zucker würzen. Zugedeckt etwa 20 Minuten ruhen lassen. Anschließend doppelt gelegte Alufolie oder einen Pizzastein mit Mehl bestäuben. Den Teig auf der bemehlten Arbeitsfläche hauchdünn ausrollen und etwa 12 Kreise (à 8 bis 10 cm Durchmesser) ausstechen.

3. Für den Belag die saure Sahne mit Salz und Pfeffer würzen. Die Frühlingszwiebeln putzen, waschen und in Ringe schneiden. Den Schnittlauch waschen, trocken schütteln und ebenfalls in Ringe schneiden. Die Zwiebel schälen und in Spalten schneiden. Die Birne schälen, vierteln, entkernen und in Spalten schneiden. Die Feigen waschen und ebenfalls in Spalten schneiden. Den Frühstücksspeck fein würfeln. Den Käse reiben bzw. in kleine Würfel schneiden.

4. Die Teigkreise mit der sauren Sahne bestreichen und wahlweise mit Speck, Zwiebel, Birnen- und Feigenspalten belegen. Mit dem Käse bestreuen und bei direkter Hitze mit geschlossenem Deckel 6 bis 8 Minuten grillen.

5. Die gegrillten Flammkuchen mit den Frühlingszwiebelringen und dem Schnittlauch bestreut servieren.

ROTE-BETE-APFEL-SALAT MIT MANDEL-VINAIGRETTE

ZUTATEN:

Für den Salat:

- 3–4 Rote Beten
- 2–3 Äpfel
- Saft von 1 Bio-Zitrone
- 2 EL Honig
- 200 g gemischte Wintersalate
  (z. B. Feldsalat, Radicchio, Chicorée)

Für die Vinaigrette:

- 2 EL Ahornsirup
- 3–4 EL Balsamico bianco
- 100 ml Gemüsefond
- 50 ml Olivenöl
- Salz
- Pfeffer aus der Mühle
- 50 g gebrannte Mandeln

ZUBEREITUNG:

1. Den Grill (mit Deckel, etwa 200 °C) für mittlere bis hohe indirekte Hitze vorbereiten.

2. Für den Salat die Roten Beten rundum einstechen und bei indirekter Hitze mit geschlossenem Deckel etwa 50 Minuten weich grillen.

3. Die Äpfel waschen, vierteln, entkernen und in Spalten schneiden. Mit Zitronensaft und Honig mischen. Die Salate verlesen, waschen und trocken schleudern.

4. Für die Vinaigrette Ahornsirup, Balsamico, Fond und Olivenöl verrühren und mit Salz und Pfeffer würzen. Die gebrannten Mandeln grob zerstoßen und untermischen.

5. Die Roten Beten schälen und in kleine Würfel schneiden. Mit den Apfelspalten und den Salatblättern mischen. Die Mandel-Vinaigrette darüber verteilen, den Salat auf Tellern anrichten und sofort servieren.

TIPP:

Für eine ganz besondere Note können Sie die Vinaigrette noch mit dem Mark von 1 Vanilleschote verfeinern.

EINTOPF MIT HEIMISCHEN FISCHEN UND WURZELGEMÜSE

4 PORT.

ZUTATEN:

- 400 g gemischte Fischfilets (mit Haut; z. B. Lachs, Zander, Saibling, Kabeljau)
- 8 kleine festkochende Kartoffeln
- 200 g Perlzwiebeln
- 2 junge Knoblauchzehen
- 200 g Möhren
- 200 g Knollensellerie
- ½ Stange Lauch
- 50 g getrocknete Tomaten (in Öl)
- 20 g gemischte Kräuter (z. B. Petersilie, Estragon, Dill)
- 2–3 EL Olivenöl
- 2 Döschen Safranfäden (à 0,1 g)
- Salz
- 100 ml Weißwein
- 1 l Fischfond
- Cayennepfeffer

ZUBEREITUNG:

1 Den Grill (mit Deckel, etwa 180 °C) für mittlere direkte Hitze vorbereiten.

2 Die Fischfilets waschen, trocken tupfen und in mundgerechte Stücke schneiden.

3 Die Kartoffeln schälen, waschen und je nach Größe halbieren oder vierteln. Zwiebeln und Knoblauch schälen, Zwiebeln in Spalten und Knoblauch in feine Würfel schneiden. Möhren und Sellerie putzen, schälen und in Streifen schneiden. Den Lauch putzen, waschen und ebenfalls in Streifen schneiden. Die getrockneten Tomaten würfeln. Die Kräuter waschen und trocken schütteln, Blätter abzupfen und fein schneiden.

4 Das Olivenöl in einer Aluschale oder einem Grill-Kochgeschirr erhitzen. Die Kartoffeln und das Gemüse darin angrillen. Mit Safran bestreuen, mit Salz würzen und mit dem Wein ablöschen. Den Fond dazugießen. Alles bei direkter Hitze mit geschlossenem Deckel 15 bis 20 Minuten grillen. Anschließend die getrockneten Tomaten und die Fischfilets dazugeben und kurz erwärmen.

5 Alles weitere 2 bis 3 Minuten ohne Hitze ziehen lassen. Den Fischtopf mit Salz und Cayennepfeffer würzen, in Tellern anrichten und mit den Kräutern bestreut servieren.

SKREI MIT GERÄUCHERTEM PETERSILIENWURZELSTAMPF

ZUTATEN:

Für den Skrei:

- 600 g Skrei
- 1 Rezept Tee-Rub (siehe S. 21)
- Öl für den Grillrost

Für den Stampf:

- 1 große Petersilienwurzel (ca. 600 g)
- Salz
- frisch geriebene Muskatnuss
- Öl zum Bestreichen
- 1 Handvoll gewässerte Holzchips
- 50 g Butter
- 200 g Sahne

Für die Vinaigrette:

- 2 Schalotten
- 150 g getrocknete Ananas
- Saft von 2 Limetten
- 4 EL geröstete, gesalzene Macadamianüsse
- 4 EL Honig
- 100 ml Gemüsefond
- 50 ml Olivenöl
- Salz
- Pfeffer aus der Mühle
- 150 g gemischte Kräuter (z. B. Ampfer, Portulak, Kerbel, Brunnenkresse)

ZUBEREITUNG:

1. Den Grill (mit Deckel, etwa 180 °C) für mittlere direkte/indirekte Hitze vorbereiten.

2. Den Skrei waschen, trocken tupfen und in 8 gleich große Stücke schneiden. Mit dem Tee-Rub einreiben und bei Zimmertemperatur etwa 30 Minuten marinieren.

3. Für den Stampf die Petersilienwurzel putzen, schälen und längs in Scheiben schneiden. Mit Salz und Muskatnuss würzen, mit Öl bestreichen und bei indirekter Hitze mit geschlossenem Deckel etwa 10 Minuten grillen. Die Holzchips direkt auf die Glut geben und das Gemüse mit geschlossenem Deckel 10 bis 15 Minuten räuchern. (Beim Gasgrill die Chips in die Räucherbox geben und auf höchster Stufe zum Rauchen bringen. Sobald sich dichter Rauch entwickelt, Gas zurückdrehen, ggf. ausschalten. Räuchern.)

4. Die Petersilienwurzel würfeln. Mit Butter und Sahne in einer Aluschale oder einem Grill-Kochgeschirr mit geschlossenem Deckel weich garen und grob zerstampfen.

5. Den Grillrost mit Öl einfetten. Die Skreistücke bei direkter Hitze mit geschlossenem Deckel auf jeder Seite 3 bis 4 Minuten grillen.

6. Für die Vinaigrette die Schalotten schälen und fein würfeln. Ananas würfeln. Schalotten, Ananas, Limettensaft, Macadamianüsse, Honig und Fond verrühren, das Öl erst tröpfchenweise, danach in einem Strahl einrühren. Mit Salz und Pfeffer würzen. Die Kräuter waschen und trocken schütteln.

7. Petersilienwurzelstampf auf Teller geben, je 2 Skreifilets darauf anrichten. Mit Kräutern und Vinaigrette verfeinern.

GEWÜRZROTKOHL MIT MOHNKLÖSSCHEN

ZUTATEN:

Für die Klößchen:

- 700 g große mehligkochende Kartoffeln
- 3 EL Speisestärke
- 2 Eigelb
- 2 EL Blaumohn
- Salz
- frisch geriebene Muskatnuss

Für den Rotkohl:

- 1 kleiner Rotkohl (600—800 g)
- Öl zum Bestreichen
- Salz
- Zucker
- 1 rote Zwiebel
- 2 EL Honig
- 1 Zimtstange
- 1 Sternanis
- 6 Gewürznelken
- ½ TL schwarze Pfefferkörner
- abgeriebene Schale von 2 Bio-Orangen
- 1 Einwegteebeutel
- 200 ml Gemüsefond
- Saft von 2 Orangen
- 4 EL Himbeeressig

Außerdem:

- 4 Stiele krause Petersilie
- 50 g Butter
- 25 g Semmelbrösel

ZUBEREITUNG:

1 Den Grill (mit Deckel, etwa 200 °C) für mittlere bis hohe direkte/indirekte Hitze vorbereiten.

2 Für die Klößchen die Kartoffeln bei direkter Hitze mit geschlossenem Deckel etwa 45 Minuten weich grillen.

3 Für den Rotkohl die äußeren Blätter entfernen und den Kohl vierteln. Mit Öl bestreichen und mit Salz und Zucker würzen. Die Kohlviertel bei direkter Hitze mit geschlossenem Deckel auf beiden Seiten grillen, bis sich ein Muster abzeichnet. In eine Schüssel legen, mit Frischhaltefolie bedecken und etwa 10 Minuten ruhen lassen.

4 Zwiebel schälen und in feine Würfel schneiden. Den Strunk aus den Kohlvierteln herausschneiden, Viertel in Streifen schneiden. Zwiebel, Kohl und Honig in einer Aluschale oder einem Grill-Kochgeschirr bei direkter Hitze mit geschlossenem Deckel angrillen. Ganze Gewürze und Orangenschale in den Teebeutel füllen, verschließen und dazugeben. Fond dazugießen, salzen und bei indirekter Hitze mit geschlossenem Deckel 15 bis 20 Minuten grillen. Orangensaft und Essig dazugeben und alles etwa 20 Minuten fertig grillen.

5 Die Kartoffeln pellen und grob zerstampfen. Mit Speisestärke, Eigelben und Mohn mischen und mit Salz und Muskatnuss würzen. Aus dem Teig 12 Klöße formen. Salzwasser in einer hohen Aluschale oder einem Grill-Kochgeschirr aufkochen. Die Klöße darin etwa 8 Minuten ziehen lassen.

6 Petersilie waschen, trocken schütteln und die Blätter abzupfen. Butter in einer Aluschale zerlassen, die Semmelbrösel einrühren. Die Klöße in der Bröselbutter schwenken und mit Petersilie garnieren. Mit dem Rotkohl servieren.

GEFÜLLTE GANS MIT FRÜCHTEBROT UND MARONEN

ZUTATEN:

Für die Gans:

- 1 Gans (4 ½ –5 kg; küchenfertig)
- Salz
- Pfeffer aus der Mühle
- 400 g Wurzelgemüse (gewürfelt)
- 1 EL Butter
- 200 ml Rotwein
- 1 l Geflügelfond
- 6–8 Zweige Beifuß
- ca. 8 gewässerte Zahnstocher
- Küchengarn zum Binden
- 1 EL Zuckerrübensirup
- je 2 EL Honig und Sojasauce

Für das Früchtebrot:

- 100 ml Milch
- 20 g frische Hefe
- 110 g flüssige Butter
- 1 Ei, 1 Eigelb
- Salz
- 320 g Mehl
- 40 g Zucker
- 250 g Trockenfrüchte (z. B. Cranberrys, Aprikosen, Pflaumen, Datteln)

Für die Maronen:

- 1 rote Zwiebel
- 1 EL Butter
- 400 g vorgegarte Maronen
- 3 EL angerührte Speisestärke
- 50 g Sahne
- Salz
- Pfeffer aus der Mühle

ZUBEREITUNG:

1. Den Grill (mit Deckel, etwa 180 °C) für mittlere direkte/indirekte Hitze vorbereiten. Von der Gans die äußeren Flügelknochen abschneiden. Die Gans innen und außen unter fließendem Wasser waschen, trocken tupfen und mit Salz würzen.

2. Für das Früchtebrot die Milch erwärmen und die Hefe darin auflösen. Butter, Ei, Eigelb und Salz mischen. Hefemilch, Butter-Ei-Mischung, Mehl und Zucker gut verkneten. Trockenfrüchte würfeln und unterkneten. Den Teig in den Bauch der Gans geben, beide Seiten entlang der Öffnung mit Zahnstochern fixieren und mit Küchengarn binden.

3. Butter und Wurzelgemüse in einer großen Aluschale oder einem Bräter bei direkter Hitze mit geschlossenem Deckel angrillen. Wein und Fond angießen, den Beifuß dazugeben und den Fond aufkochen. Die Gans mit dem Rücken nach unten hineinlegen und bei indirekter Hitze mit geschlossenem Deckel 4 bis 4 ½ Stunden grillen.

4. Zuckerrübensirup, Honig und Sojasauce zu einem Lack verrühren. Die Gans aus dem Sud nehmen, damit bestreichen und geschlossen 20 Minuten fertig grillen. Sud durch ein Sieb gießen, 300 ml abmessen. Das Gemüse entsorgen.

5. Für die Maronen die Zwiebel schälen und würfeln, in einer Aluschale in der Butter angrillen. Die Maronen dazugeben. Den Sud dazugießen, bei direkter Hitze aufkochen und mit der Speisestärke binden. Die Sahne unterrühren und die Maronen mit Salz und Pfeffer würzen.

6. Die Gans tranchieren, die Karkasse mithilfe einer Geflügelschere aufschneiden. Das Früchtebrot herausnehmen und in Scheiben schneiden. Die Maronen dazu reichen.

WHISKY-„CAN-CHICKEN" MIT GEGRILLTEN MÖHREN

ZUTATEN:

Für das „Can-Chicken":
- 1 Maishähnchen (ca. 1 kg; küchenfertig)
- 1 Rezept BBQ-Rub (siehe S. 20)
- Öl zum Bestreichen
- 2 Zweige Rosmarin
- 2 Zweige Thymian
- 1 Dose Whisky-Cola-Mix
- 4 cl Whisky
- 4 Knoblauchzehen

Für die Möhren:
- 600 g bunte Möhren
- 200 g Perlzwiebeln
- 4 Zweige Rosmarin
- 2 EL Butter
- 2 EL Honig
- Salz
- 100 ml Gemüsefond
- 1 Msp. gemahlener Koriander
- Cayennepfeffer

ZUBEREITUNG:

1 Für das „Can-Chicken" das Maishähnchen waschen und trocken tupfen, innen und außen mit dem BBQ-Rub einreiben. Bei Zimmertemperatur mindestens 30 Minuten, am besten aber zugedeckt über Nacht im Kühlschrank marinieren.

2 Den Grill (mit Deckel, 160 bis 180 °C) für mittlere direkte/indirekte Hitze vorbereiten.

3 Das Hähnchen etwas trocken tupfen und mit Öl bestreichen. Die Kräuter waschen und trocken tupfen. Die Whisky-Cola-Dose in Alufolie wickeln, öffnen und die Hälfte des Inhalts abgießen. Whisky, angedrückte Knoblauchzehen und die Kräuter hineingeben und das Hähnchen daraufsetzen. Das Hähnchen auf der Dose in eine Aluschale stellen und bei indirekter Hitze mit geschlossenem Deckel 45 bis 50 Minuten grillen.

4 Die Möhren putzen, schälen, längs halbieren oder vierteln. Die Perlzwiebeln schälen. Den Rosmarin waschen und trocken tupfen, die Nadeln abzupfen und fein schneiden. Die Butter in einer Aluschale oder einem Grill-Kochgeschirr erhitzen und Möhren und Zwiebeln darin bei direkter Hitze angrillen. Den Honig dazugeben, mit Salz würzen und mit dem Fond ablöschen. Die Möhren mit geschlossenem Deckel 10 bis 15 Minuten grillen. Mit Koriander, Cayennepfeffer und Rosmarin würzen, aus der Aluschale nehmen und auf dem Grillrost etwa 5 Minuten fertig grillen.

5 Das Maishähnchen von der Dose nehmen, zerteilen und mit den gegrillten Möhren servieren.

MARINIERTES TOMAHAWK-STEAK MIT MALZBIER-MOP

4 PORT.

ZUTATEN:

- 2 Tomahawk-Steaks (à ca. 800 g)
- 1 Rezept Basis-Rub (siehe S. 20)
- Öl für den Grillrost
- 1 Rezept Malzbier-Mop (siehe S. 24)

ZUBEREITUNG:

1 Die Steaks waschen und trocken tupfen. Mit dem Basis-Rub einreiben und zugedeckt bei Zimmertemperatur mindestens 30 Minuten, am besten aber zugedeckt über Nacht im Kühlschrank marinieren.

2 Den Grill (mit Deckel, etwa 250 °C) für hohe direkte/indirekte Hitze vorbereiten.

3 Den Grillrost mit Öl einfetten und die Tomahawk-Steaks bei direkter Hitze mit geschlossenem Deckel auf beiden Seiten angrillen, bis sich ein Muster abzeichnet. Die Hitze reduzieren und die Steaks bei indirekter Hitze (160 bis 180 °C) 15 bis 20 Minuten fertig grillen. Dabei gelegentlich wenden und nach und nach mit dem Malzbier-Mop bestreichen, bis dieser aufgebraucht ist. (Um beim Holzkohlegrill Hitze zu reduzieren, die Lüftung schließen, ggf. Kohle oder Briketts herausnehmen.)

4 Die Tomahawk-Steaks weitere 10 bis 15 Minuten ohne Hitze ruhen lassen. Die optimale Kerntemperatur für Tomahawk-Steak beträgt 56 bis 58 °C.

TIPP:

Durch das abschließende Ruhen ohne Hitze können sich die Fleischfasern entspannen und der Saft bleibt im Fleisch. Die Steaks werden wunderbar saftig und zart. Tomahawk-Steak ist ein fein mariniertes Ribeye mit extra langem Knochen. Man bekommt es auch unter den Namen Entrecôte oder Hochrippe. Das trocken gereifte Fleisch ist fein marmoriert und ideal für die Zubereitung auf dem Grill.

TERIYAKI-CHICKEN-SATÉ MIT SCHARFEN REISBÄLLCHEN

ZUTATEN:

Für die Saté-Spieße:

- 2 Hähnchenbrustfilets (à ca. 150 g)
- 1 Rezept Teriyaki-Marinade (siehe S. 21)
- 16 gewässerte Holzspieße
- Öl für den Grillrost

Für die Reisbällchen:

- 150 g Sushi-Reis
- 350 ml Wasser
- 50 ml Mirin (Reiswein)
- Salz
- 8 junge Knoblauchzehen
- 50 g Ingwer
- 2 rote Peperoni
- 50 g Kokosraspel
- 2 EL Palmöl
- 4 Stiele Koriandergrün
- Chiliflocken

ZUBEREITUNG:

1 Für die Saté-Spieße die Hähnchenbrustfilets waschen und trocken tupfen, halbieren und in insgesamt 16 Streifen schneiden. In die Teriyaki-Marinade legen und zugedeckt bei Zimmertemperatur mindestens 30 Minuten, am besten aber zugedeckt über Nacht im Kühlschrank marinieren.

2 Den Grill (mit Deckel, etwa 180 °C) für mittlere direkte/indirekte Hitze vorbereiten.

3 Für die Reisbällchen den Sushi-Reis 1 bis 2 Minuten wässern und auf einem Sieb abtropfen lassen. 350 ml Wasser mit Mirin, ½ TL Salz und dem Reis in einer Aluschale oder einem Grill-Kochgeschirr bei direkter Hitze mit geschlossenem Deckel aufkochen. Mit Alufolie bedecken und an den Grillrand stellen. Bei indirekter Hitze 15 bis 18 Minuten ziehen, dann lauwarm abkühlen lassen.

4 Knoblauch und Ingwer schälen und in feine Würfel schneiden. Die Peperoni längs halbieren, entkernen, waschen und sehr fein schneiden. Reis mit den vorbereiteten Zutaten mischen, zu 16 Bällchen formen, in den Kokosraspeln wälzen.

5 Die Hähnchenbruststreifen aus der Marinade nehmen und ziehharmonikaförmig auf die Spieße stecken. Den Grillrost mit Öl einfetten und die Spieße mit geschlossenem Deckel auf jeder Seite 1 bis 2 Minuten grillen.

6 Die Reisbällchen mit dem Öl bestreichen und 2 bis 3 Minuten auf Sicht grillen. Koriander waschen, trocken tupfen und die Blätter abzupfen. Die Saté-Spieße mit den Reisbällchen auf Tellern anrichten, mit Koriander und Chiliflocken bestreut servieren.

GEFÜLLTE SÜSSE BRÖTCHEN

ZUTATEN:

- 400 g Mehl
- 4 TL Backpulver
- 100 g Zucker
- 125 ml Milch
- 50 ml Öl
- Mehl für die Arbeitsfläche
- 100 g Konfitüre (z. B. Pflaume, Kirsche, Erdbeere oder Aprikose)
- Puderzucker zum Bestäuben

ZUBEREITUNG:

1 Das Mehl sieben und mit dem Backpulver und dem Zucker in einer Schüssel mischen. Die Milch mit 100 ml Wasser und dem Öl verrühren und zur Mehlmischung geben. Alle Zutaten zu einem halbfesten, elastischen Teig kneten und zugedeckt etwa 30 Minuten ruhen lassen.

2 Anschließend auf der bemehlten Arbeitsfläche zu einer Rolle formen und in etwa 16 kleine Stücke schneiden. Die Teigstücke rund formen, in die Mitte eine Mulde hineindrücken und je 1 TL Konfitüre hineingeben. Die gefüllten Teigstücke mit den Händen zu gleichmäßigen Brötchen formen und zugedeckt etwa 20 Minuten ruhen lassen.

3 Den Grill (mit Deckel, etwa 160 °C) für niedrige bis mittlere indirekte Hitze vorbereiten.

4 Eine große Aluschale halbhoch mit Wasser befüllen und eine zweite größere Aluschale mit Löchern daraufstellen. Die Brötchen in die obere Schale setzen und mit einer gleich großen Aluschale oder einem Stück Alufolie bedecken. Etwa 10 Minuten dämpfen.

5 Die Brötchen vor dem Servieren mit reichlich Puderzucker bestäuben.

MILLE FEUILLE MIT ORANGEN-KOMPOTT UND KARAMELLSAUCE

4 PORT.

ZUTATEN:

Für den Teig:
- 100 g Mehl
- 100 g Haselnussgrieß (Feinkostladen)
- 2 EL Öl
- 100 ml Milch
- 50 g Zucker
- Salz
- Mehl für die Arbeitsfläche
- Puderzucker zum Bestäuben

Für das Kompott:
- Filets und Zesten von 8 Bio-Orangen (mit aufgefangenem Saft)
- ca. 100 ml Orangensaft
- Mark von 1 Vanilleschote
- 1 Msp. Zimtpulver
- ca. 1 TL angerührte Speisestärke

Für die Karamellsauce:
- 50 g Zucker
- 250 g Sahne
- 50 g Butter
- 100 g Vollmilchschokolade

ZUBEREITUNG:

1. Für den Teig Mehl mit Grieß, Öl, Milch, Zucker und 1 Prise Salz zu einem halbfesten Teig kneten und zugedeckt etwa 20 Minuten ruhen lassen. Doppelt gelegte Alufolie oder einen Pizzastein mit Mehl bestäuben. Den Teig auf der bemehlten Arbeitsfläche hauchdünn ausrollen und 12 Kreise (à etwa 10 cm Durchmesser) ausstechen.

2. Den Grill (mit Deckel, etwa 250 °C) für hohe direkte Hitze vorbereiten.

3. Die Teigkreise bei direkter Hitze mit geschlossenem Deckel 2 bis 3 Minuten grillen. Die Hitze reduzieren. (Um beim Holzkohlegrill Hitze zu reduzieren, die Lüftung schließen, ggf. Kohle oder Briketts herausnehmen.)

4. Für das Kompott den beim Filetieren der Orangen aufgefangenen Saft auf 200 ml auffüllen und in einer Aluschale oder einem Grill-Kochgeschirr mit Vanillemark und Zimt bei direkter Hitze mit geschlossenem Deckel aufkochen. Mit der angerührten Speisestärke binden. Die Orangenfilets dazugeben und leicht zerfallen lassen. Die Zesten hinzufügen.

5. Für die Karamellsauce den Zucker in einer Aluschale oder einem Grill-Kochgeschirr bei direkter Hitze goldbraun karamellisieren. Die Sahne dazugießen und die Mischung mit geschlossenem Deckel leicht sämig einkochen. Butter und Schokolade würfeln, die Karamellsahne vom Grill nehmen und Butter sowie Schokolade darin schmelzen.

6. Je einen Teigkreis mit Kompott bestreichen und einen zweiten daraufsetzen. Mit Kompott bestreichen und mit einem Teigkreis belegen. Noch 3 Mille Feuille herstellen. Mit Puderzucker bestäuben und mit Karamellsauce servieren.

GRANATAPFELKÜCHLEIN

ZUTATEN:

Für die Küchlein:

- 1 Granatapfel
- 4 Eier
- 120 g Mehl
- 1 Msp. Zimtpulver
- 1 Msp. gemahlener Kardamom
- abgeriebene Schale von 1 Bio-Orange
- 50 g flüssige Butter
- 50 g Pinienkerne
- 50 g Zucker

Außerdem:

- Butter zum Einfetten
- Zucker zum Ausstreuen
- Puderzucker zum Bestäuben

ZUBEREITUNG:

1 Für die Küchlein die Kerne aus dem Granatapfel lösen. Vier feuerfeste Porzellan- oder Metallförmchen bis zum Rand mit Butter einfetten und mit Zucker ausstreuen.

2 Den Grill (mit Deckel, etwa 180 °C) für mittlere indirekte Hitze vorbereiten.

3 Die Eier trennen. Eigelbe, Mehl, Zimt, Kardamom und Orangenschale in eine Schüssel geben. Die flüssige Butter und die Pinienkerne hinzufügen und alles gut verrühren.

4 Die Eiweiße zu steifem Schnee schlagen, dabei den Zucker nach und nach einrieseln lassen. Den Eischnee unter den Teig heben, den Teig auf die Förmchen verteilen und mit der Hälfte der Granatapfelkerne bestreuen.

5 Die Küchlein bei indirekter Hitze mit geschlossenem Deckel 15 bis 20 Minuten grillen. Zum Servieren mit Puderzucker bestäuben und mit den übrigen Granatapfelkernen bestreuen.

ZIMTSCHNECKEN MIT GLÜHWEINSABAYON

ZUTATEN:

Für die Zimtschnecken:

- 1 Rolle Croissantteig zum Aufbacken (aus dem Kühlregal)
- 100 g gemischte Trockenfrüchte und Nüsse (z. B. Aprikosen, Pflaumen, Datteln, Feigen, Hasel- und Walnüsse)
- 50 g Marzipanrohmasse
- ½ TL Zimtpulver
- 2 Eigelb
- 50 g flüssige Butter
- Puderzucker zum Bestäuben

Für die Sabayon:

- 120 ml Glühwein
- 3 Eigelb
- 50 g Vanillezucker

ZUBEREITUNG:

1. Den Grill (mit Deckel, etwa 180 °C) für mittlere direkte/indirekte Hitze vorbereiten.

2. Für die Zimtschnecken den Croissantteig abrollen, aber die einzelnen Dreiecke nicht abtrennen. Die Trockenfrucht-Nuss-Mischung sehr fein hacken. Die Marzipanrohmasse klein hacken und untermischen. Den Zimt unterrühren. Den Teig mit den Eigelben bestreichen, die Füllung gleichmäßig dünn darauf verteilen und den Teig eng aufrollen.

3. Die Teigrolle mit einem nassen Messer in etwa 1 cm dicke Scheiben schneiden. Diese auf doppelt gelegte, gefettete Alufolie oder einen vorgeheizten Pizzastein legen. Die Zimtschnecken mit der flüssigen Butter bestreichen und bei indirekter Hitze mit geschlossenem Deckel 6 bis 8 Minuten grillen.

4. Für die Sabayon den Glühwein mit den Eigelben und dem Vanillezucker in eine hohe Aluschale oder ein Grill-Kochgeschirr geben und bei direkter Hitze dickschaumig aufschlagen. Dabei immer wieder von der Hitzequelle nehmen, damit die Sabayon nicht zu schnell stockt.

5. Die Zimtschnecken zum Servieren mit Puderzucker bestäuben und die Glühweinsabayon dazu servieren.

TIPP:

Falls die Teigrolle zu weich ist, um sie in Scheiben zu schneiden, einfach etwa 30 Minuten ins Gefrierfach legen. Dann können Sie garantiert schöne gleichmäßige Scheiben abschneiden.

NUGAT-RUM-TARTE MIT VANILLEBAISER

ZUTATEN:

Für die Tarte:
- 200 g dunkler Nugat
- 100 g Sahne
- 150 g zimmerwarme Butter
- 3 Eigelb
- 1 Ei
- 150 g Zucker
- 100 g Mehl
- 2 EL Speisestärke
- 1 EL Rum

Für das Baiser:
- 3 Eiweiß
- 25 g Zucker
- 50 g Vanillezucker

ZUBEREITUNG:

1 Den Grill (mit Deckel, etwa 160 °C) für niedrige bis mittlere indirekte Hitze vorbereiten.

2 Für die Tarte den Nugat hacken und mit der Sahne in eine Aluschale oder ein Grill-Kochgeschirr geben. Am Grillrand mit geschlossenem Deckel schmelzen. Vom Grill nehmen. Die Butter würfeln und nach und nach in die Nugatsahne rühren und schmelzen lassen.

3 Eine runde Aluschale oder eine spezielle Grill-Backform (etwa 24 cm Durchmesser) mit Backpapier auslegen. Die Eigelbe, das Ei und den Zucker in einer Schüssel dick-schaumig aufschlagen. Das Mehl und die Speisestärke sieben. Die Nugatsahne mit der Ei-Zucker-Mischung verrühren, den Rum unterrühren und die Mehl-Stärke-Mischung unterheben.

4 Den Teig in die vorbereitete Alusschale oder Backform füllen und bei indirekter Hitze mit geschlossenem Deckel 30 bis 35 Minuten grillen. Danach leicht abkühlen lassen.

5 Für das Baiser die Eiweiße langsam dickschaumig aufschlagen, dabei den Zucker und den Vanillezucker nach und nach einrieseln lassen.

6 Den Grill (mit Deckel, etwa 250 °C) für hohe indirekte Hitze vorbereiten. Baiser mit einem Löffelrücken auf die Tarte streichen. Die Form wieder auf den Grill stellen und die Tarte 5 bis 8 Minuten fertig grillen. Nach Belieben mit Kakaopulver bestäuben.

MARINADEN & RUBS

MOPS & LACKE

SAUCEN & DIPS

FRÜHLING

SOMMER

HERBST

WINTER